가짜뉴스, 뭔데 이렇게 위험해?

가짜뉴스, 뭔데 이렇게 위험해?

초판 1쇄 인쇄 2021년 1월 29일
초판 1쇄 발행 2021년 2월 05일

글 만프레트 타이젠 그림 베레나 발하우스 옮김 김신종

펴낸이 이상순 주간 서인찬 편집장 박윤주 제작이사 이상광

펴낸곳 (주)도서출판 아름다운사람들
주소 (10881) 경기도 파주시 회동길 103
대표전화 (031) 8074-0082 팩스 (031) 955-1083
이메일 books777@bppulisher.com 홈페이지 www.book114.kr

리듬문고는 (주)도서출판 아름다운사람들의 청소년 브랜드입니다.

ISBN 978-89-6513-635-4 03330

Title of the original German edition: Nachgefragt: Medienkompetenz in Zeiten von Fake News
by Manfred Theisen (illustrated by Verena Ballhaus)

리듬문고 청소년 인문교양 04

가짜뉴스,

만프레트 타이젠 글
베레나 발하우스 그림
김신종 옮김

뭔데

이렇게 위험해?

들어가며

우리는 언제 어디서나 미디어를 접한다. 책을 들든 스마트폰을 쥐든 마찬가지다. 미디어는 서로 의사소통을 하거나 정보를 주고받는 데 쓰인다. 일부 사람은 최근 몇 년간 증가한 미디어 소비에 비판적 태도를 보이지만 미디어는 좋은 것도 나쁜 것도 아니다. 중요한 건 미디어를 어떻게 사용하는가다. 스마트폰 역시 좋은 것도 나쁜 것도 아니다. 물론 시력 저하를 예방하려면 스마트폰 화면을 너무 오래 들여다봐서는 안 되지만 말이다.

이 책이 이에 관해 설명할 것이다. 미디어 사용에 관한 설명이 바로 첫 단계다. 구글 같은 검색엔진이든 인스타그램, 유튜브, 페이스북, 왓츠앱 같은 소셜미디어든 이 책은 디지털 미디어의 다채로움과 가능성, 그리고 위험요소를 개괄해보게 도와준다. 또한, 여러 종류의 미디어를 최적으로 사용하고 이해하는 데도 도움을 줄 것이다.

나아가 우리는 이 책에서 필터버블(filter bubble)[1]과 가짜뉴

---

1 필터버블(Filter Bubble)은 대형 인터넷 정보기술(IT) 업체가 개인 성향에 맞춘(필터링된) 정보만을 제공하여 비슷한 성향 이용자를 한 버블 안에 가두는 현상을 지칭한다. 미국 온라인 시민단체 무브온 이사장인 일라이 파리저(Eli Pariser)가 쓴 책 《생각 조종자들(The Filter Bubble)》에서 제기한 개념이다.

스(fake news), 여론조작(astroturfing)이라는 개념도 접하게 될 것이다. 이미 알고 있는 부분도 있지만 다른 부분은 새로운 내용도 있다. 이 용어들은 미디어와 관련한 중요한 주제를 담고 있다.

우리가 사는 이 시대를 미디어 시대나 정보 시대, 혹은 데이터 시대 등 무엇으로 부르든 한 가지만은 분명하다. 우리가 하루에 이렇게나 긴 시간을 미디어와 함께 보낸 적은 지금껏 단 한 번도 없었다. 더군다나 딱 하나의 기기와 말이다. 바로 스마트폰이다. 오늘날 대부분 사람이 스마트폰 하나쯤은 휴대하고 있다. 스마트폰은 우리가 가는 길, 우리가 알고 싶어 하는 것이 무엇인지, 우리가 휴가 때 어디로 가는지, 우리가 다른 사람들에 대해 어떻게 생각하는지, 우리가 누구를 사랑하는지, 우리가 어느 길을 통해 학교나 직장에 가는지를 알고 있는, 늘 함께하는 인생의 동반자라고 할 수 있다.

통신망을 구축해 서비스를 제공하는 모든 기업과 검색엔진, 소셜 네트워크, 메신저 서비스, 내비게이션을 제공하는 회사들은 시간이 흐르고 흘러 세계에서 가장 부유한 기업에 속하게 됐다. 이는 그들이 우리의 데이터를 소유하기 때문이다. 그 데이터로 우리를 조종할 가능성도 있다.

몇 년 전부터 정치인들은 데이터 기업들이 더 엄중하게 데이터 보호 조치를 취하고, 인터넷에 만연해 있는 혐오 메시지와 가짜뉴스에 대처해야 한다고 강조하고 있다.[2] 독일어권 지역에서는 사용자의 데이터를 더 민감하게 다루는 새로운 검색엔진이 등장했다.

그럼에도, 미디어의 세계는 우리의 집이나 주변 환경에서 멈추지 않고 전 세계에 정치적인 영향을 끼친다. 그래서 이 책은 가짜뉴스와 어떻게 맞닥뜨리게 되는지, 또 국가와 정부가 가짜뉴스에 어떻게 대응하는지에 대해 집중적으로 다룬다. 가짜뉴스 문제에 관심이 있다면 도널드 트럼프 전 미국 대통령을 그냥 지나칠 수 없다. 그뿐만 아니라 인터넷에서의 러시아 및 다른 국가의 영향력도 살펴보지 않으면 안 될 것이다.

미디어 시대에 모든 것은 모든 것과 연결돼 있다. 오늘날 모두가 모두와 결합해 있다. 이러한 현상은 저주일 수도 있

---

2 참고로 독일은 2018년부터 가짜뉴스를 유포하거나 삭제하지 않는 소셜미디어 기업들에 최대 약 650억 원에 이르는 벌금을 부과하는 법을 시행하고 있다.

지만, 기회가 될 수도 있다. 우리는 이 책에서 한 번쯤은 스스로 떠올려 봤을 몇 가지 질문과 맞닥뜨린다. 이 책에는 미디어 사용법에 대해 실천 가능한 답변과 여러 종류의 배경 정보, 일상에서 활용할 수 있는 조언이 잔뜩 담겨 있다. 사이버 괴롭힘이나 미디어 중독 문제와 관련해 개인적으로 해결책을 찾고, 가짜뉴스와 대안적 사실을 더 자세히 알아보며, 사용자에게 친숙한 온라인 서비스를 찾고, 또 혐오 표현에 적극적으로 대처하면서, 블로거로서 창의적으로 활동하고 싶다면 여러 링크와 담당 연락처를 알아보아야 한다.

차례

제1장

올드미디어와
뉴미디어

미디어는 무엇일까?

프레젠테이션을 하면 어떻게 내용을 잘 전달할지 고민한다. 물론 모든 내용을 말로 풀어 설명할 수도 있지만, 시각적으로 무언가를 보여줄 때 더 생생하게 전달되는 법이다. 가령 스케치나 사진, 영상의 형태로 보여줄 때 말이다. 이때 여러 종류의 미디어가 도움이 된다.

미디어(media)는 책이나 신문 같은 종이 형태로 된 것뿐만 아니라, 태블릿 PC와 스마트폰, 컴퓨터, TV, 심지어 교실의 칠판도 포함하는 정보 전달 도구다.

미디엄(medium)은 '중간', '매체'라는 뜻이다. 미디엄은 콘텐츠의 매개자를 말하며, 일반적으로 그 복수형인 미디어(media)로 표기한다. 미디어는 보통 매스미디어(mass media, 대중매체)를 가리킨다. 가령 어떤 블로거가 자신의 블로그에

미디어라는 용어는 언론 또는 신문사나 방송사에서 근무하는 기자들과 동의어로 쓰이기도 한다.

매스미디어는 수많은 사람, 즉 신문과 라디오, TV, 인터넷처럼 대중을 대상으로 하는 매체를 말한다.

글을 작성하면 우리는 스마트폰을 통해 그 내용을 본다. 또 휴가를 떠난 친구가 왓츠앱[3]으로 보낸 사진을 받아본다.

뉴미디어는 비교적 최근인 90년대부터 차차 퍼지고 있는 점과 이용자가 인터넷에 접속할 수 있게끔 해 준다는 점에서 올드미디어와 다른 차별성을 띤다. 올드미디어에는 인쇄 매체나 출판 매체(가령 신문, 잡지, 포스터, 서적) 및 라디오, 영화, TV를 포함한다. 뉴미디어는 컴퓨터, 노트북, 태블릿 PC, 스마트폰과 같은 디지털 매체를 말한다.

뉴미디어의 특별한 점은 유튜브, 왓츠앱, 인스타그램 같은 온라인 서비스로 서로 대화를 나눌 수 있다는 것이다. 즉 사용자는 더는 수동적인 소비자(즉 관객이나 청취자, 독자)에만 머무르지 않고, 자신이 쓴 글을 게시하고 디지털 매체를 이용해 다른 사람들과 네트워크를 통해 또 그 게시물을 주고받을 수 있다.

블로거는 글을 작성하거나 사진이나 영상을 올릴 때 웹사이트와 유튜브 또는 페이스북, 인스타그램, 스냅챗과 같은 포털을 이용한다. 블로거는 대개 1인칭 시점에서 글을 작성한다.

---

3 페이스북이 운영하는 인스턴트 메신저의 한 종류로, 윈도폰 7, 심비안 OS, 블랙베리, 안드로이드, iOS에서 지원된다. 2009년 얀 코움(Jan Koum)과 브라이언 액턴(Brian Acton)이 공동 창업했고, 2014년 2월 19일 페이스북에 약 200억 달러에 인수되었다. 2016년 2월 전 세계 사용자 수가 10억 명을 돌파했다.

가장 많이 이용하는
미디어는 무엇일까?

눈 나빠지니깐 너무 오래 읽지 마! TV 좀 그만 봐! 스마트폰 좀 저리 치워! 부모님은 항상 이렇게 말씀하지만 오늘날 우리는 미디어를 예전보다 더 자주 사용한다. 그래서 미디어를 신중하게 사용하는 것이 갈수록 중요해진다.

2018년 기준 14~29세 청년들은 매일 평균 약 9시간 정도 미디어를 이용하며 보내는 것으로 조사됐다. 12~19세의 청소년 대부분은 스마트폰을 휴대하고 있고, 약 3명 중 2명은 PC나 노트북을 가지고 있으며, 약 2명 중 1명은 방에 TV가 있었다. 특히 좋아하는 인터넷 서비스에 대한 질문에는 모두 답변이 일치했는데 바로 유튜브였고, 왓츠앱과 인스타그램이 각각 뒤를 이었다.

최신 조사에 따르면 청소년들이 매일 독서를 하는 시간은 22분이다. 여학생의 절반 이상이 독서를 좋아한다고 밝혔고, 남학생은 4명 중 1명만 그렇다고 답했다. 성인들은 청소년들이 독서를 너무 적게 한다고 한탄하지만, 청소년들은 전체 인구(19분)보다 독서를 더 자주 하는 것으로 나타났다(〈2019 국민 독서실태 조사〉에 따르면 한국의 초중고 학생들의 평균 독서 시간은 평일 69.5분, 휴일 56.9분으로 나타났다).

독일 청소년들은 종이 형태로 된 신문이나 잡지를 잘 읽지 않는 것으로 나타났다. 이건 한국도 마찬가지다. 그들은 온라인으로 스폰(SPON, 슈피겔 온라인) 사이트를 들어가거나 빌트 앱(Bild-App)으로 기사 보는 것을 선호했다. 아에르데(ARD, 독일 제1 공영방송), 체데에프(ZDF, 독일의 제2 공영방송), 전국 일간지를 가장 신뢰했다.

독일 청소년 대부분은 슈피겔 온라인과 'www.tagesschau.de(독일 ARD의 뉴스 프로그램)'에서 사회 및 정치 뉴스를 접하는 것으로 나타났다.

청소년들은 본인의 디지털 미디어를 다루는 능력을 '잘함, 매우 잘함'으로 평가했다. 그리고 많은 청소년이 온라인 미디어에서 문제가 많은 경험을 한 적이 있다고도 답했다. 응답자의 약 13%는 사이버 괴롭힘을 경험한 적이 있고, 50% 이상은 인터넷에서 혐오 표현을 본 적이 있다고 밝혔다.

미디어는 무엇을 다룰까?

일간지든 잡지든 TV든 라디오 방송국이든, 이들 모두는 하나의 표준을 따른다. 뉴미디어 역시 언제나 사람들의 동일한 관심사를 따른다.

대중에게 종합적인 정보를 제공하는 미디어는 항상 동일한 주제를 다룬다. 주로 정치, 경제, 문화, 지역, 스포츠의 다섯 분야다. 그 외에 자동차 시험이나 뷰티, 요리법처럼 흥미로운 주제도 있다. 신문의 경우 각 분야에 맞는 제목을 부여한다. TV는 신문보다는 구별하기 힘들지만, 더 자세히 보면 개별 프로그램을 각 분야로 분류할 수 있다.

인터넷도 이와 동일하지만 다음의 예시처럼 꼭 이런 식

으로 분류되지 않기도 있다. 예를 들어 게임만 다루는 렛츠 플레이어(Let's Player)는 이따금 정치적 사건에 대해 견해를 밝히기도 한다. 하지만 뷰티 블로거들이 메이크업에 관해 글을 올리고, 르플로이드(LeFloid) 같은 뉴스 블로거들이 정치에 관해 이야기하는 것처럼 일반적으로 각 분야는 분류돼 있다.

렛츠 플레이어(Let's Player)는 컴퓨터 게임을 하며 해설을 하는 인기 유튜브 채널이다.

그리고 인터넷의 콘텐츠와 올드미디어의 저널리즘에는 차이점이 있다. 대부분의 신문사와 방송사는 객관적인 사실, 즉 실제 일어난 일을 바탕으로 한 보도와 개인의 의견을 바탕으로 한 주관적인 보도를 구분하려고 노력한다. 인터넷에서는 블로거가 어느 사건에 대한 의견을 거의 독자적으로 제시하기 때문에 그것이 개인적인 견해인지 보도 기사를 인용한 것인지 혼동하기 일쑤다. 따라서 구독자와 시청자는 블로거나 트위터 정치인의 추측과 의견이 무엇이고, 사실에 근거하는 것이 무엇인지를 모를 수밖에 없다. 반면 신문과 라디오, TV에서는 인터넷보다는 좀 더 정확하게 이를 구별할 수 있다.

뉴스와 의견은
어떻게 포장될까?

뉴미디어든 올드미디어든 모든 정보는 포장된다. 이는 수신자가 정보를 잘 이해하고 분류할 수 있도록 어떤 특정한 형식으로 제공한다는 뜻이다. 그래서 '저널리스트'는 여러 종류의 텍스트 형식을 이용한다. 어떤 형식일까?

'단신 보도'는 가장 짧은 저널리즘 텍스트 형식이다. 언제 어디서 발생한 일인지를 간략하게 보도한다.

'뉴스'는 새로운 사건과 관련해 짧고 사실적이며 함축적으로 정보를 제공한다. 기사는 '칠하원칙'에 따라 작성된다. 바로 '누가, 언제, 어디서, 무엇을, 어떻게, 왜'와 정보의 '출처'다. 신문에는 대개 한 문단에 다 나와 있다.

'보도 기사'는 기자가 발생한 사건에 관해 가능한 한 중립적(객관적)으로 작성한다. 보도 기사는 뉴스보다 길고 여러 문단으로 작성할 때가 많다. 배경 정보와 세부 사항이 제공되고 일어난 사건이 차례로 열거된다. 기자는 대부분 보도 기사를 작성하기 위해 사건 현장으로 나가서 목격자를 취재한다.

'평론'은 저널리스트가 자신의 의견을 작성하는 것이다. 예를 들어 정부 정책에 대한 자신의 견해를 쓰는 것이다. 생방송 평론가들은 보통 모든 발언을 면밀하게 검토할 시간이 없어서 대부분 즉흥적으로 대처하거나 자신의 의견을 반복해서 밝히기도 한다.

저널리스트는 정보와 개인의 의견을 전파한다. 대부분은 신문사, 라디오 TV 방송사와 같은 대중매체(mass media)에서 일하거나, 인터넷에서 블로거로 활동하기도 한다.

'르포(Reportage, 프랑스어 르포르타주의 줄임말이다)'는 기자가 직접 체험한 사건에 관해 보도하는 기사를 말한다. 어떤 정보와 자신만의 느낌을 조합해 사건을 탐사한다.

'인터뷰 기사'는 저널리스트가 인터뷰 대상자에게 의견을 묻고 작성한 기사다. 인터뷰 대상자는 어떤 주제와 관련해 의견을 표명하는 전문가이거나, 왜 이런저런 일을 처리했는지를 설명하는 정치인이 될 수도 있다.

저널리즘의 핵심 :
뉴스란 무엇일까?

　　　　뉴스는 대중의 관심을 끌면서도 중요한 사건
을 간결하게 알려준다. 또 정보를 제공하면서도
쉽게 이해할 수 있어야 한다. 그래서 뉴스는 핵심
적인 것에 집중한다.

　　신문이나 온라인판의 뉴스는 일반적으로 특정 패턴에 따
라 구성한다. 즉, 표제가 독자의 관심을 불러일으켜야 하고,
그다음으로 뉴스 텍스트는 가장 중요한 최신의 정보로 시
작한다. 텍스트는 객관적이면서도 간결하게 유지해야 한다.
가끔은 사건의 자초지종을 상세하게 설명하기 전에, 고딕체
나 이탤릭체로 인쇄된 첫 문장으로 시작하는 기사도 있다.
　　내용의 측면에서 볼 때 뉴스는 가장 중요한 것이 제일 먼

저, 그다음으로 중요한 것이 뒤따르는 형식으로 구성한다. 이러한 방식을 통해 독자는 기본 정보를 최대한 빨리 파악할 수 있다. 나아가 이러한 구성을 따르면 마감이 다 되어 공간이 더 필요한 주요 기사를 급히 추가해야 하는 상황이 닥쳤을 때, 뉴스를 예전보다 쉽게 요약할 수 있다는 실용적인 이점이 있다.

신문(또는 온라인판)에 어떤 뉴스를 실을지, 공간은 얼마나 많이 차지할지는 편집회의를 거쳐 결정한다. 여기서 초판의 구성, 즉 지면의 배치(레이아웃, Layout)가 결정된다. 특별히 중요하다고 평가하는 뉴스는 가장 앞에 배치하고 상세한 설명이 덧붙는다. 썩 중요하지 않다고 여겨지는 뉴스는 다른 곳에 배치해 공간을 덜 차지하게 한다. 뉴스 방송에 할당된 시간처럼 신문의 공간도 한정돼 있기 때문이다.

이 말은 기자와 편집자는 '무엇이 가치 있고, 무엇이 그렇지 않은지'를 매일매일 선택해야 한다는 뜻이다. 이제 어떤 한 예를 들어 '뉴스의 가치'에 대해 알아보도록 하자.

어떤 뉴스가 가치 있을까?

    존 보가트는 19세기 후반 뉴욕 선(New York Sun)
의 발행인으로서 뉴스의 가치에 대해 다음과 같
이 묘사했다. "개가 사람을 무는 것은 뉴스거리가
되지 않는다. 흔한 일이기 때문이다. 그런데 사람
이 개를 무는 것은 바로 뉴스가 된다."

    뉴스에서 최상의 규칙은 단순히 어떤 사건이
일어나는 것에 그치는 게 아니라, 그 새로운 사건
이 우리의 관심을 불러일으켜야 한다는 것이다.
그런데 무엇이 우리의 관심을 불러일으킬까?

    우선 우리는 자신에게 직접 영향을 미치는 새로운 사건
에 관심이 가기 마련이다. 우유 가격이 수차례 상승한다면 앞으로 라떼 소비를 줄여야 할지 말지를 고민해야 하는 식이다. 그러니까 기자들은 독자와 관련이 있는 사건을 수시로 보도한다. 중요한 것은 무엇보다 뉴스의 현실성이다. 세상을 뒤흔든 일이 아니라면 2년 전 일어난 일에 관심이 있는 독자는 아무도 없다.

무엇보다 중요한 것은 사건의 근접성이다. 가령 우리는 머나먼 팀북투(말리의 도시)에서 일어난 일보다 주변 이웃에게 벌어진 일에 더 관심을 가질 것이다.

가끔 누구에게 어떤 일이 일어났는지가 뉴스의 가치를 정하는 데 결정적일 때가 있다. 평범한 사람이 아침에 비누를 밟고 미끄러져 넘어지는 일은 뉴스거리가 될 수 없을 것이다. 그런데 톱스타에게 이런 일이 일어났다면 이 일은 헤드라인을 장식할 가치가 있다. 이는 앞에서 존 보가트가 잘 설명한 '사람이-개를-문다 법칙'의 놀라운 효과라고 볼 수 있다. 생각해 보면 개가 사람을 무는 일보다 사람이 개를 무는 일이 훨씬 놀라운 일이긴 하다.

신문의 숲에는 누가 있을까?

종이신문은 미디어계의 공룡이었다. 라디오와 TV, 인터넷이 없던 시절에 신문은 정보를 습득하는 데 가장 중요한 원천이었다. 신문은 지금도 미디어 환경에서 중요한 역할을 담당하고 있다. 하지만 이제 신문사는 살아남으려면 참신한 방법을 모색해야 한다.

신문은 대부분 매일 발행되기 때문에 일간지라고 부른다. 반면 잡지는 매주 또는 기간을 더 길게 두고 발행한다(잡지는 매주 발행하는 주간지, 격주 발행 격주간지, 매월 발행 월간지, 계절별 발행 계간지로 나뉜다). 독일의 뉴스 잡지 슈피겔(Spiegel)이나 오스트리아의 잡지 프로필(profil)이 여기에 해당한다.(한국의 시사주간지에는 시사IN 등이 있다) 일간지의 경우 구독 신문과 타블로이드 신문으로 구분할 수 있다.

구독 신문은 신청하면 집으로 배달된다. 지역에 상관없이 배달되는 전국지인 쥐트도이체 차이퉁(SZ), 프랑크푸르터 알게마이네 차이퉁(FAZ)이 여기에 해당한다. 또한, 스위스의 노이에 취리허 차이퉁(NZZ)과 오스트리아의 스탠다드(Der Standard)도 여기에 속한다. 한국에서는 경향신문, 동아일보, 중앙일보, 한겨레신문 등이 여기에 속한다.

이와 더불어 각 해당 지역에 중점을 두고 보도하는 일간지도 있다. 이를 지역 신문이라고 하는데, 쾰르니셰 룬트샤우(Kölnische Rundschau, 쾰른과 본 지역의 신문), 만하이머 모르겐(Mannheimer Morgen, 만하임과 바덴뷔르템베르크주의 신문)처럼 그 지역명을 사용한다. 한국에서는 광주일보, 대구일보, 부산일보 등이 여기에 속한다.

그 지역에 사는 독자들은 이러한 지역 신문에서 지역 협회장에 누가 뽑혔는지, 카니발 퍼레이드가 어디서 진행하는지 등에 관한 소식을 접할 수 있다.

타블로이드 신문은
가짜뉴스에 취약하다

구독 신문과 타블로이드 신문은 크게 구별된다. 타블로이드 신문은 소규모 편의점이나 노점, 길거리에 있는 신문 가판대에서 판매한다. 큰 그림과 활자체, 자극적인 제목이 표지를 장식하고 있어 독자들은 멀리서도 그것이 타블로이드 신문임을 단번에 알아볼 수 있다. 이런 신문은 대개 외설과 범죄, 스캔들을 다룬다. 타블로이드 신문은 과장되거나 편협한 기사를 제공하는 경향이 짙다. 그래서 자칫하면 가짜뉴스를 전달할 위험성이 크다.

현재 종이 신문은 모두 똑같은 문제점을 안고 있다. 바로 독자들이 인터넷에서 무료로 정보를 얻는 데 익숙해진 나머지 판매량이 계속 감소한다는 점이다.

종이 신문 외에도 기사를 오롯이 온라인에서만 제공하는 신문과 잡지도 있다. 독일어권에서 가장 유명한 온라인 잡지는 슈피겔의 온라인판 잡지다. 슈피겔 온라인(Spiegel Online), 줄여서 스폰(SPON)은 이미 1994년에 인쇄판 편집에 얽매이지 않는 서비스를 온라인으로 제공했다. 그렇게 스폰은 세계 최초의 인터넷 뉴스 잡지가 되었다. 스폰 역시 다른 온라인 신문과 마찬가지로 논평을 실은 비디오를 제공하고, 인쇄판에서 제공할 수 없는 여러 기회를 활용해 수익을 내고 있다.

온라인판 신문은 정보를 언제 어디서든 얻을 수 있고 실시간으로 업데이트되며 거기다 대부분 무료라서 독자들에게 굉장한 장점으로 다가온다. 하지만 신문사와 잡지사에는 걱정거리가 있다. 무료 기사로 어떻게 수익을 올리느냐 하는 점이다. 공영 방송사와는 달리 이들 신문사와 잡지사는 수수료를 받지 않으며, 온라인 광고만으로는 경비도 메꿀 수 없는 실정이다. 그래서 수많은 신문사가 자구책으로 독자들이 온라인 기사에 대한 구독료를 내게끔 유도하고 있다. 그 예로 '슈피겔 플러스(Spiegel+, 신문사들은 특집, 단독, 심층 보도 기사를 선별해 '+'를 붙여 유료로 제공한다. 디벨트와 FAZ도 이를 시행하고 있다)'를 들 수 있다. 하지만 아직 큰 성공은 거두지 못하고 있는 실정이다.

정보 판매원: 뉴스 통신사란 무엇일까?

신문사와 TV, 라디오 방송국은 없어서는 안 될 중요한 기관이다. 그런데 뉴스 통신사가 없다면 이들도 더는 존재하지 못할 것이다. 뉴스 통신사는 미디어 회사를 위해 뉴스를 수집하고 한 데 묶어 주며 미디어 세계에서 다람쥐 역할을 한다.

신문사와 TV 라디오 방송국이 제대로 보도하려면 사건이 발생한 장소 근처에 있어야 한다. 다시 말해 기자들이 현장에 없으면 안 되는 것이다. 그런데 모든 언론사가 이렇게 할 수 있는 여력이 되는 것은 아니다.

이를 보완하고자 뉴스 통신사가 존재한다. 뉴스 통신사는 여러 신문사와 방송국에 전 세계에서 일어난 사건들을 취재해 텍스트와 사진, 음성, 영상으로 공급한다. 그리고 신속히 기사를 작성하고 정보를 이해하기 쉽게 전달할 수 있는 기자들도 채용한다.

독일에서는 '데페아(dpa)'가 제일 유명한 뉴스 통신사다(한국의 대표적인 뉴스 통신사는 연합뉴스다). 세계적으로도 유명한 통신사에는 프랑스의 AFP, 미국의 AP, 오스트리아의 APA, 스위스의 키스톤-SDA가 있다. 또한, 가톨릭 뉴스 통신사 KNA, 스포츠 뉴스 통신사 sid처럼 명칭에서 드러나듯이 특정 분야를 전문적으로 보도하는 통신사도 있다.

이러한 정보 판매원들은 일반 신문사와 방송국에 크나큰 이점을 안겨 준다. 신문사와 방송국의 편집국에서 소속 기자들을 해당 사건 현장으로 파견할 경우와 비교해 봤을 때 비용을 절감할 수 있는 것이다. 뉴스 통신사는 여러 분야의 다양한 고객에게 뉴스를 전달하기 때문에 책임이 막중하다. 통신사는 어떤 사건이 세계적으로 어떻게 보도되는지에 영향을 끼친다.

방송수신료는 왜 내야 할까?

원하든 원치 않든 독일에서 모든 가정은 매달 방송수신료 17.50유로(약 2만 3,000원)를 내야 한다. 방송수신료는 공영 방송사(ARD, ZDF, 독일 라디오)에 배분된다. 방송수신료로 운영되는 한국의 공영방송은 KBS와 EBS이다. 수신기가 있는 모든 가정은 매달 수신료 2,500원을 납부해야 한다. MBC는 형식적으로는 공영방송이지만 재정적으로는 광고 수익을 통해 운영한다.

오스트리아에서는 공영 방송사인 ORF, 스위스에서는 TV 라디오 공영 방송사인 SRG가 이에 해당한다. 한편, 독일에는 프로지벤(ProSieben), 자트아인스(SAT.1), 엔티비(n-tv), 에르테엘(RTL)처럼 TV 라디오 민영 방송사도 있다. 민영 방송사들은 광고로 자금을 조달한다.

민영 방송사는 경영 성과에 의존하지만, 공영 방송사는 모든 시민에게서 방송수신료를 거둬들이기 때문에 특정한 사회적 성과를 내야 할 의무가 있다. 공영 방송사는 채널을 무료로 이용할 수 있어야 하고, 정보와 교육, 상담, 엔터테인먼트 분야 외에도 다양한 종류의 프로그램을 제공해야 한다. 사회적으로 필요한 프로그램을 제작하는 게 공영 방송사 기자들의 기본 사명이기 때문이다.

사회 공동체의 관심사가 반영되게끔 방송위원회와 행정위원회, TV 라디오 위원회는 방송 내용과 지출 내역을 감시한다. 물론 방송수신료 징수에 불만을 가진 사람들도 많다. 한국도 마찬가지다. 공영 방송사들은 '친정부적 성향' 때문에 가끔 '국영 방송사'라고 비판을 받는다. 그런데 이들은 스스로가 독립적이며 언론의 원칙을 따르고 사회 공동체를 위해 일한다고 생각한다.

소셜미디어에는 누가 있을까?

소셜미디어란 인스타그램, 위키피디아, 왓츠 앱 같은 인터넷 플랫폼을 말한다. 소셜미디어를 통해 스마트폰, PC, 플레이스테이션으로 다른 사람들과 채팅이나 게임을 하고 정보를 공유할 수 있다.

다양한 종류의 소셜미디어가 있지만, 이들은 전부 한 가지 공통점이 있는데, 바로 이용자를 서로 연결해 준다는 점이다.

'위키피디아'는 온라인 백과사전이다. 누구든지 이 공동 프로젝트에 참여할 수 있다. 즉 누구나 기존에 올라와 있는 글을 편집하거나, 새로운 내용을 작성할 수 있는 것이다.

온라인 참고서 위키 피디아 같은 공동 프로젝트는 모든 사람이 다 같이, 즉 공동으로 협력하는 것을 지향한다.

'페이스북'은 소셜 네트워크의 전형이다. 페이스북에서는 자신이 좋아하는 축구팀이나 정당을 한 페이지에 소개할 수 있다. 그림과 기사, 사진, 비디오 영상을 게시할 수 있고, 또 '좋아요'를 누를 수도 있다.

'유튜브'는 '비메오(vimeo, 동영상 공유 웹사이트)'와 마찬가지로 콘텐츠 커뮤니티다. 누구든지 비디오 영상을 올릴 수 있고 또 그것을 다른 사람들과 공유할 수도 있다.

'텀블러'는 블로거를 위한 플랫폼이다. 텍스트와 사진, 비디오 영상을 업로드할 수 있다. 그러나 청소년 관람 불가용, 폭력 조장, 외설적인 내용이 담긴 게시물도 업로드할 수 있어 문제를 지적받기도 한다.

'트위터'와 '인스타그램'은 소식이나 생각을 짧은 문장으로 실시간 전달할 수 있는 마이크로 블로그다. 단문의 글과 사진, 영상을 게시할 수 있다. 팔로워들은 누군가를 팔로우할 수 있고 또 누군가와 연락을 할 수도 있다.

'왓츠앱', '쓰리마', '스냅챗', '시그널', '스카이프', '텔레그램'은 인스턴트 메신저 서비스다. 이를 이용하면 텍스트와 사진, 영상을 신속히 보낼 수 있고, 일부는 전화 통화나 영상 채팅 서비스도 제공한다.

'대규모 다중 사용자 온라인 게임'은 게임을 할 때 인터넷을 통해 서로 관계를 맺을 수 있게 해 준다.

유튜브가 인기 있는 이유는 무엇일까?

유튜브는 2005년에 본격적으로 서비스를 시작했다. 처음에 유튜브는 MTV 같은 비디오 플랫폼의 생존을 위협했다. 현재 구글의 자회사가 된 유튜브는 게임, 코미디, 뷰티 스타뿐만 아니라, 하고 싶은 이야기, 콘텐츠를 가진 모든 사람을 위한 플랫폼으로 발돋움했다.

과거에는 영화와 TV가 스타들의 등용문 역할을 했지만, 오늘날엔 특히 유튜브가 그 역할을 대신하고 있다. 유튜브에서는 누구든지 자신만의 채널을 만들어 카메라 앞에서 행운이 깃들길 시험해 볼 수 있다. 많은 구독자가 그의 채널을 구독한다면 그 유튜버는 즉시 유명해진다. 바로 이 점이 유튜브의 매력 포인트다. 물론 실로 어마어마한 양의 음악과 비디오 영상이 있다는 사실도 빠뜨릴 수 없다.

게임 유튜버들은 밤낮을 가리지 않고 포트나이트, 마인크래프트, 콜 오브 듀티 같은 게임을 하면서 게임 장면을 촬영하고 해설하고 이 동영상을 유튜브에 업로드한다. 이를 '렛츠 플레이(Let's Play, 게임 하자)'라고 한다.

팬들은 게임을 더 잘 이해하려고 렛츠 플레이를 이용하고, 다른 사람들은 옆에서 렛츠 플레이를 구경하거나 잠을 청하려고 시청하기도 한다. 전체 유튜브 영상의 약 15%는 주로 남성 게이머 분야인 것으로 나타났다.

또 어떤 사람들은 뷰티와 패션 영상을 시청한다. 이 분야의 스타들은 구독자에게 최신 패션 트렌드는 무엇인지, 신상품 립스틱의 발색이 어떠한지, 최근에 유행하는 화장법은 무엇인지 등에 대해 알려 준다.

유튜브가 대중문화에 얼마나 중요한지는 수치화할 수 없다. 하지만 스타 유튜버들이 대외적으로 큰 영향을 미친다는 것은 명백한 사실이다. 이들이 유튜브나 인스타그램에서 아무런 이유 없이 인플루언서라고 불리는 게 아니다. 일례로 오스트리아나 스위스 청년들이 점점 구어체 독일어를 사용하는데, 독일의 렛츠 플레이를 자주 시청했기 때문이라고 할 수 있다.

광고전략가는 인플루언서의 인기를 활용해 특정 목표 집단에 제품을 마케팅한다. 인플루언서는 광고를 위해 가끔 그 제품을 무료로 받기도 한다.

광고전략가는 인플루언서의 인기를 활용해 특정 목표 집단에 제품을 마케팅한다. 인플루언서는 자신의 채널에서 광고하기 위해 가끔 그 제품을 무료로 받기도 한다.

인스타그램 : 인플루언서를 만드는 것은 무엇일까?

마이크로 블로그는 짧은 형태의 블로그를 말한다. 이용자는 짧은 영상이나 사진, 글을 업로드하거나 어떤 특정한 주제와 연계해 올릴 수도 있다.

인스타그램 성공의 역사는 2010년에 시작했다. 불과 8년 후 인스타그램의 마이크로 블로그 서비스는 전 세계 사용자 수 10억 명의 장벽을 무너뜨렸다. 수많은 사람이 유튜브와 더불어 인스타그램을 돈벌이의 기회로 여긴다.

마케팅은 다음과 같은 질문을 해결하려는 분야다. 어떻게 판매할 제품을 최고로 제안할까? 어떻게 해야 고객이 제품을 믿을까?

최근 들어 인스타그램은 영향력이 큰 마케팅 플랫폼으로 성장했다. 기업들은 인스타그램에서 인플루언서를 통해 고객에게 다가갈 수 있다. 여기서 인플루언서와 구독자 간의 정서적 유대감이 이용된다. 예를 들어 생산업체는 인스타그램 스타에게 돈을 지급하고 XY라는 청바지 브랜드를 좋아한다고 언급하게 한다. 그러면 구독자들은 그 청바지를 구매한다. 이는 자연스럽게 인플루언서라는 '직업'을 매력적으로 보이게끔 만든다. 그렇다면 어떻게 인플루언서가 될 수 있을까?

많은 인플루언서는 축구선수나 음악가처럼 이미 널리 알려진 인물들이다. 이들은 팬들에게 자신의 안부를 전하기 위해 인스타그램을 이용한다. 그들은 대부분 회사와 광고 계약을 맺은 관계이기에 제품을 카메라에 거의 노출하지 않는다.

그러나 몇몇 인플루언서는 인스타그램이나 유튜브를 통해 처음으로 대중에게 이름을 알렸다. 소셜미디어 플랫폼을 통해 수많은 구독자에게 다가가려면 이들에게 무언가를 제공하지 않으면 안 된다. 신인 인플루언서는 오후 2~5시에 정기적으로 포스팅하는 것이 가장 좋다. 통계적으로 봤을 때 이용자들이 이 시간대에 팔로우할 가능성이 가장 높기 때문이다. 인플루언서 역시 가장 잘 알려진 스타들을 팔로우하는데, 그들의 팔로워 리스트에서 유명해지기 위해서다. 게다가 포스팅할 게시물에 해시태그를 달고, 사진 찍기 좋은 장소를 물색하기도 한다. 물론 헛된 희망은 품지 않는 게 좋다. 실제로 유명해져서 돈을 버는 인플루언서는 극소수에 불과하기 때문이다.

소셜미디어는 정말 사회적일까?

다리를 다쳐 학교에 갈 수 없다고 하자. 그때 누군가로부터 사진 메시지를 받는다. 발신인은 학교 친구다. 친구가 칠판을 사진으로 찍어 수업 내용과 숙제를 보내 준 것이다.

이런 식으로 우리는 소셜미디어를 긍정적으로 활용할 수도 있다. 이론상으로는 누구나 인터넷으로 모든 사람과 접촉할 수 있기 때문이다. 디지털 공간에서 우리의 사회적 상호관계는 거의 무제한에 가깝다. 물론 항상 그런 것만은 아니지만.

모든 것은 2004년 페이스북의 확산으로 시작됐다. 갑자기 수많은 사람이 이 소셜미디어를 수단으로 삼아 인터넷을 이용했다. 현재는 대부분 스마트폰으로 인터넷을 이용하고 있다. '소셜미디어(Social Media)'라는 표현은 오해를 불러일으키기 쉽다. 우리는 보통 사회적(social)이라는 말을 도덕적으로 유익한 상호관계라고 이해한다. 그러나 소셜미디어에서는 그저 서로 온라인으로 연결되는 것만을 의미할 뿐이다. 페이스북에서 맺는 '친구'가 둘도 없는 굉장히 막역한 친구를 의미하지는 않는다. 그냥 클릭 한 번으로 맺어지는 관계일 뿐이다. 무엇보다 페이스북이라는 회사 자체가 이익 지향적 기업이지 사회적 기업이 아니다.

제품 비용이 무료라면
바로 당신이 제품이다

　페이스북 같은 회사가 서비스를 무료로 제공할 때는 진지하게 자문해 봐야 한다. 이 회사는 돈을 어떻게 벌까? 혹시 광고로 버는 걸까? 아니면 그들이 가지고 있는 자료를 누구에게 넘겨주며 이윤을 창출하는 걸까? 아마도 둘 다 맞을 것이다. 다음과 같이 볼 수 있다. 어떤 회사가 서비스를 제공하면서도 아무런 대가를 받지 않는다면 이용자 자체가 제품일 수 있다고 말이다. 이용자들의 데이터가 디지털 세계에서 이익을 내는 데에 이용되는 것이다. 도덕적 의미로 볼 때 이는 '사회적'이라는 말과 아무런 관계가 없다

제2장

가짜뉴스 : 엄청난 불안

가짜 뉴스란 무엇일까?

　우리는 늘 이런 말을 듣는다. "조심해! 스마트
폰이나 신문에 나와 있는 모든 말을 무조건 믿어
서는 안 돼! 많은 내용이 사실과 맞지 않고, 일부
는 의도적으로 조작된 가짜일 뿐이야! 사진도 믿
을 게 못 돼!"

　사기꾼들은 디지털 미디어와 소셜 플랫폼을 통해 거짓말
을 신속하고 광범위하게 퍼뜨릴 수 있다. 과거에는 수백만
장의 전단지를 인쇄해 그렇게 했지만, 현재는 한 번의 클릭
으로도 충분하다.

　2016년부터 '가짜뉴스'라는 용어를 자주 사용하게 됐다.
이 용어는 당시 미국 대통령 선거운동과 관련이 깊다. 공화당 대선 후보였던 도널드 트럼프는 워싱턴 포스트, 뉴욕타임스 같은 신문사와 CNN 뉴스 방송사가 '가짜뉴스'를 퍼뜨린다고 목소리를 높였다. 이들은 자신에 대해 공정하게 보도하지 않는다고도 했다. 나아가 그는 이 미디어 언론사들이 상대 후보인 민주당의 힐러리 클린턴과 한통속일 것이라고 말했다. 더군다나 미국의 수도 워싱턴의 영향력 있는 사람들이나 뉴욕의 월스트리트도 언론과 합심해 자신의 선출을 막는다고 목소리를 높였다. 도널드 트럼프는 이들 언론사와는 반대로 자신은 진실만을 말한다고 주장했다. 그리고 이 내용을 트위터에 올렸다.

그러자 나중에 신문사와 TV 방송사들은 도널드 트럼프 본인이 거짓말을 퍼뜨린다고 해명했다. 나아가 도널드 트럼프가 매일같이 퍼뜨리는 가짜뉴스가 얼마나 되는지 세기도 했다. 이후에 가짜뉴스라는 용어는 하나의 키워드가 되었다.

가짜 혹은 위조는 결코 우연을 뜻하는 게 아니라, 항상 누군가를 속이려는 의도가 담긴 표현이다. 그것은 낯설게 묘사된 사진, 의도적인 허위 진술, 일치하지 않는 숫자, 조작된 통계일 수 있다. 위조가 고의로 일어난다는 사실은 가짜뉴스를 이해하는 핵심 키워드다. 따라서 가짜뉴스는 위조되거나 거짓인 뉴스를 뜻하는 것이다. 쉽게 거짓말이라고 써도 무방하다.

독일에도 가짜뉴스라는 말과 유사하게 쓰는 표현이 있

'거짓말쟁이 언론'은 2014년 독일에서 올해의 단어로 선정됐다. 한국에서는 비슷하게 '기자'와 '쓰레기'의 합성어로 '기레기'라는 단어가 있다.

다. 바로 거짓말쟁이 언론이다. 이는 대개 공영 TV 방송사나 라디오 방송국, 전국 일간지와 잡지를 비하할 때 쓰는 용어다.

그러니까 이 용어는 진실 보도에 의무감을 느끼는 언론사들을 향해 쓰는 표현이다. 따라서 언론인들에게 거짓말쟁이 언론이라는 표현은 일종의 도발과도 같다. 그들 스스로는 '진실한 언론'의 대표자라고 생각할지 모른다. 하지만 우리 같은 시민들에겐 이것도 문제가 된다. 만일 저 주장이 맞다고 한다면 우리는 누구를 믿어야 하는지가 문제로 떠오르기 때문이다. 잘 생각해 보면 언론은 뉴스 중계자 역할을 담당한다. 언론은 정치인의 활동을 비판적으로 관찰해야 하고 우리에게 사회와 관련된 모든 문제를 객관적으로, 즉 사실적이고 중립적으로 알려 주어야 한다. 그래야 우리는 '언론은 진실만을 말한다'는 말을 신뢰할 수 있을 것이다.

오보는 왜 그렇게 많을까?

예전에 사람들은 휴가지에서 우편엽서를 쓰곤 했다. 현재는 스마트폰으로 소식을 전한다. 우편엽서는 도착하는 데 며칠이 걸리지만, 왓츠앱 메시지는 바로 그 자리에서 보내고 받아 볼 수 있다. 이는 우리의 일상에 엄청난 변화를 불러왔다.

1846년 대량 인쇄가 가능한 윤전기가 발명됐다. 이 기계로 예전보다 더 짧은 시간에 더 많은 신문을 인쇄할 수 있게 됐는데, 시간당 약 2만 장이나 찍어 낼 수 있었다. 당시 신문 배달원들은 런던, 뉴욕, 베를린 도심을 뛰어다니며 신문을 사라고 외쳤다. 누구든지 뉴스를 팔고 싶어 했다.

1980년대 후반부터 사람들이 인터넷을 접할 수 있게 되

윤전기는 인쇄판과 압착하는 부분이 모두 원통형으로 되어 있으며, 현재까지도 인쇄기 중 가장 빠른 속도를 자랑한다.

자 정보의 확산은 다시 속도가 붙었다. 대중이 인터넷을 이용하면서 오보, 즉 가짜뉴스도 본격적으로 확산했다. 이때 페이스북, 트위터, 인스타그램과 같은 소셜미디어 플랫폼이 큰 영향을 미쳤다.

모두가 이용 가능한 이 미디어에서는 누구든지 어떤 내용이든, 언제 어디서든 원할 때 글을 작성할 수 있다. 우리가 다른 사람들과 관계를 맺고 생각을 표출하는 행위를 막을 수 있는 것은 아무것도 없다. 그리고 많은 사람이 자신의 이야기가 공유되길 원하기에 이런저런 방식으로 과장도 한다. 이래서 진실은 왜곡되고 위조된다. 인터넷 이용자 중 대부분은 미디어 전문가가 아니므로 인터넷상에서 받은 정보를 사실로 여기게 되고 가짜 정보를 스스로 평가도 않은 채 전달도 한다. 이러한 방식으로 가짜뉴스는 아무런 제지 없이 널리 퍼진다.

가짜뉴스는 어떻게 기억 속에 각인될까?

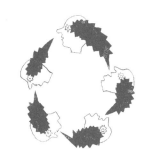

가짜뉴스가 끝없이 반복되면 머릿속에 각인되어 그것이 가짜뉴스임을 알면서도 쉽게 사라지지 않는다. 가짜뉴스가 뇌리에 완전히 깊이 새겨지는 것이다. 왜 그런 걸까?

심리학자 도널드 올딩 헤브(1904~1985)는 1950년대에 인간은 어떻게 학습하고 또 그 정보를 기억하는지를 조사했다. 이를 위해 그는 뇌의 작동방식을 연구했다. 그는 특정한 자극을 가하면 동시에 반복적으로 반응하는 신경세포들이 서로 융합한다는 사실을 발견했다.

예를 들어 영어 단어를 배울 때 '의자'라는 단어에 의자의 이미지를 반복해서 떠올리면 이를 통해 여러 종류의 뇌세포가 활성화한다는 것이다. 말하자면 우리의 머릿속에서 의자라는 단어와 의자의 이미지가 융합하는 셈이다. 나중에 의자라는 단어를 듣거나 읽게 되면 마음의 눈에 의자가 즉시 나타나는 것이다.

독일 바이에른주에서는 17살 소녀가 난민에게 성폭행을 당했다는 가짜뉴스가 SNS상에 유포되었다. 대한민국에서도 2018년 제주 예멘 난민 사태 때 일부 이슬람 난민들이 무장 반군이며 테러를 준비하고 있다는 소문이 돌기도 했다. 이는 사실무근으로 밝혀졌다.

가짜뉴스도 이와 비슷하게 작동한다. 가령 다양한 미디어에서 아랍 국가 출신 사람들이 테러의 책임을 져야 한다는 말을 반복해서 듣게 되면 '아랍인'과 '테러리스트'라는 용어는 마치 당연하다는 듯이 한 묶음으로 묶인다. 즉 아랍인은 테러리스트가 되는 것이다. 반복적인 보도와 댓글을 통해 이러한 결합이 소셜미디어에서 계속 언급되면 아랍인이 테러리스트라는 생각은 더욱 굳어진다.

나아가 이러한 결합이 가짜뉴스에서 일어난다면 더욱 문제가 된다. 가령 저지르지도 않은 절도나 성추행 같은 범죄에 외국인들의 이미지가 묶이면 이는 굉장히 끔찍한 일이 아닐 수 없다.

가짜뉴스는 어떻게
가려낼 수 있을까?

'고래는 빛의 속**도로** 뒤로 헤엄칠 수 있다.' '엘비스 프레슬리는 아직 살아 있다.' 이는 누가 봐도 명백한 가짜뉴스다. 그런데 어떤 가짜뉴스가 마치 진실인 양 가장되는지 어떻게 알 수 있을까? 다음의 질문을 모범 삼으면 대단히 유익하다.

'정보의 출처는 어디인가?' 성실한 기자들은 출처를 밝힌다. 뉴스에 출처 표시가 빠졌다면 주저하지 말고 그 기사를 의심해보는 게 좋다. 출처가 나와 있다면 그 출처, 즉 주소, 웹사이트, 이메일 주소에 접속할 수 있는지 시험해 봐야 한다. 그러면 거기서 뉴스의 진짜 내용을 재확인할 수 있다.

'작성자는 누구인가?' 작성자는 자신의 이름과 주소를 제공하고 있는가? 아니면 익명 뒤에 숨어 있는가? 신분을 밝히지 않은 사람이라면 신뢰하지 않는 게 좋다. 뉴스가 게시된 웹사이트에서도 이 페이지는 누가 책임지는지 확인해야 한다. 그리고 또 작성란에도 출처가 나와 있어야 한다. 그렇지 않다면 여기에 무슨 내용이 적히겠는가? 그저 그런 스캔들에 관한 것이라면 진지하게 쓴 페이지라고 보기 어렵다.

'누가, 언제, 어디서, 무엇을, 어떻게, 왜?' 사건이 육하원칙에 따라 설명되고 있는가? 그렇지 않다면 작성자는 자신이 작성한 뉴스의 배경을 조사하는 데 소홀히 했거나 고의로 그 배경을 감춘 게 분명하다.

'누가 그것을 보도하고 있는가?' 다른 미디어나 다른 인터넷 사이트에서도 그 사건에 대해 보도하고 있는지 확인해야 한다. 뉴스에 실제로 중요한 어떤 내용이 담겨 있다면 한 사람만 쓰지는 않았을 것이다. 언론(신문사, 뉴스 통신사, 방송사)은 중요한 사건에 대해서는 반드시 보도한다.

'어떻게 보도되는가?' 작성자가 과장하거나 흥미 위주로 묘사하는 경향이 있는가? 기사에 '떠들썩한', '파렴치한', '충격적인', '믿을 수 없는'과 같은 단어들을 많이 썼는가? 그렇다면 작성자는 독자의 관심을 끌려고만 할 뿐, 그 내용의 진실 여부엔 별로 신경을 쓰지 않는다고 볼 수 있다.

'작성자는 얼마만큼 사실대로 보도할까?' 보통 언론인은 뉴스를 최대한 중립적으로 전달하려고 한다. 그래서 자신의 개인적인 의견을 알리는 것을 꺼린다. 자신의 의견을 밝혀야 할 때는 그것을 논평으로 표시한다.

'사진의 출처는 어디인가?' 위조의 원리는 아주 간단하다. 그저 하나의 '이미지'를 허위로 연관 지으면 이미 스캔들이 되는 것이다. 구글 이미지 검색을 이용해 출처에 사용된 이미지와 원본과의 관계를 찾아내면 위조를 가려내기가 비교적 쉽다.

예를 들어 구름의 형태가 몇 번이고 반복되고, 그림자가 부자연스럽게 드리우거나 무늬가 기이하게도 사진 테두리에서 잘려 사진 자체가 이상하게 보이면 이는 고의로 이미지를 편집했다는 뜻일 수 있다. 이럴 땐 이미지 역추적 검색을 이용하는 게 좋다.

'전문가란 무엇을 의미할까?' 인터넷에는 가짜뉴스를 가려내는 데 전문가가 된 사람들이 헤아릴 수 없을 정도로 많아졌다. 그들이 전하는 전문 지식을 활용해도 좋다.

일본 후쿠시마 원전 사고가 발생한 후 트위터에는 시든 국화 사진 한 장이 널리 퍼졌다. 방사선 피폭으로 인한 것이라고 했다. 하지만 그것은 가짜뉴스였다. 국화가 시든 것은 자연스러운 현상으로 밝혀졌다.

대안적 사실이란 무엇일까?

　　가짜뉴스 및 의도적인 허위 진술은 정치 분위기를 해친다. 불안과 신뢰 상실을 초래하는 것이다. 그럼에도, 도널드 트럼프 전 미국 대통령은 자신의 이미지와 관련해서는 서슴지 않고 적절한 사실을 '고안해 낸다.'

　　역사적인 날이었다. 도널드 트럼프 대통령은 2017년 1월 20일 워싱턴에서 공식적으로 대통령에 취임했다. 수십만 명이 취임식을 직접 보기 위해 현장에 왔고, 수백만 명이 TV로 시청했다. 도널드 트럼프는 모든 것을 바꾸길 원했다. 그는 당시 지도층에 속한 정치인, 전문경영인, 언론인, 이른바 기득권층을 향해 비난을 퍼부었다.

숀 스파이서 백악관 대변인은 행사 다음 날에 이렇게 많은 방문객(약 150만 명)이 대통령 취임식에 온 적은 없었다고 밝혔다. 시청자들은 전임 버락 오바마 대통령 취임식 때 현장 방문객이 더 많았다고 주장했다. 언론인 출신인 스파이서는 이러한 주장에 맞닥뜨렸을 때 그들을 고소하겠다고 으름장을 놓았다.

선거 유세를 하는 내내 트럼프는 언론을 가짜뉴스의 선동자라고 표현했지만, 언론인들은 그렇게 심한 타격은 받지 않았다. 일반적으로 서구의 민주주의 사회에서 언론이 차지하는 비중은 크다. 언론인들은 시민을 위해 정치적으로 복잡한 관계를 해석하고, 감시기관의 역할도 담당한다. 그 때문에 지금까지 미국의 정치인들은 정당을 막론하고 언론은 자유를 보장받아야 하는 존재라는 점에 동의했다. 그런데 트럼프가 취임한 날, 이는 끝이 났다. 이제 언론인들은 정부 소속 어느 한 공무원에게 공개적으로 위협을 받는 처지로 전락하고 말았다.

이게 다가 아니다. 다음 날인 2017년 1월 22일 켈리앤 콘웨이 백악관 고문은 카메라 앞에 서서 자신의 동료가 제시한 방문객 숫자는 '대안적 사실'이었다고 목소리를 높였다. 하지만 사실에 대안은 있을 수 없다. 사실은 그 말마따나 명확하고 검증할 수 있기에 사실이다. 대안적 사실이라는 말은 그 자체로 모순이다. 독일 주간지 디 차이트는 트럼프의 사람들은 '거짓말하는 것을 전혀 부끄러워하지도 않고', '학교 운동장의 폭군'인 트럼프가 언론에서 '사실만 따지는 멍청이들'을 대안적 사실 같은 표현으로 혼내 줄 때, 그의 지지자들은 거기서 희열을 느낀다고 썼다.

그런데 민주주의 사회에서 이러한 행동이 시민들에게 어떤 의미가 있을까? 가짜뉴스를 퍼뜨린다고 언론인을 비난하고 한술 더 떠 '대안적 사실'이란 말을 내뱉으면 시민들은 불안에 떨 수밖에 없다.

트럼프 같은 정치인은 시민과 접촉할 때 이제 더는 기존 언론에 의존하지 않는다. 뉴미디어가 이런 변화에 조력자라고 볼 수 있다. 정치인들은 트위터로 더 신속하고 더 직접 시민들과 접촉할 수 있게 된 것이다. 여기서는 언론인의 날카로운 질문 따위는 받을 필요가 없다.

전임인 버락 오바마의 취임식(오른쪽)과 비교해보면 트럼프의 취임식(왼쪽) 참석자가 오바마 때보다 훨씬 적다는 게 명확히 드러난다.

느끼는 진실 : 탈사실이란 무엇일까?

학교에서는 사실에 근거해 서로 이성적으로 토론하는 법을 배운다. 가짜뉴스 시대에 수많은 정치인은 상대방을 자극만 할 뿐, 더는 사실을 기반으로 한 논쟁을 하지 않는다. 진위의 문제는 그들의 관심을 끄는 주제가 아니다.

요즈음 학자와 언론인은 우리가 '탈사실(post fact)' 시대에 살고 있다고 말한다. 탈사실이라는 단어는 '후(後)'를 의미하는 라틴어 포스트(post)와 사실(fact)이 합쳐진 단어다. 따라서 '사실 이후의' 시대는 논증이 더는 사실에 기초로 않고, 청취자나 시청자의 감정을 움직이는 데 이용되는 시대라고 생각하면 된다. 청취자나 시청자는 '다른 사람들(가령 상대 정당

사실(fact)은 증명할 수 있다. 대개 보편적으로 인정되는 것이 바로 사실(fact)이다.

이나 인종이 다른 사람들)'에게 격분하고 분노한다.

탈사실적으로 생각하는 정치인은 이성적인 논쟁을 하지 못한다. 만약 우리가 사실을 기반으로 정치인에게 대항한다 해도 그들은 전혀 동의하지 않고 우리를 거짓말쟁이라고 몰아붙인다.

2017년 4월, 과학자들이 워싱턴에서 '탈사실'적인 잡담에 반대하는 '과학을 위한 행진' 시위를 벌이고 있다.

기업의 가짜뉴스 :
그린워시는 어떻게 작동할까?

　다른 사람들 눈에 환경 파괴자로 비치고 싶은
이는 아무도 없다. 대기업들은 환경 문제로 고객
들에게 비난받지 않길 바란다. 일부 기업에서는
현실적으로 그렇게 하기가 어렵다. 그래서 이 기
업들은 이른바 '그린워시(Greenwash)'에 많은 돈을
쏟아붓는다.

　사람들은 나쁜 짓을 저지른 후에는 다른 행동을 통해 자
신의 죄가 없어지길 바란다. 마치 나사렛 예수에게 사형을
선고한 후 손을 씻고 양심의 가책을 털어 버린 본디오 빌라
도 로마 총독처럼 말이다. 이제부터 살펴볼 '그린워시'는 기
업이 수익을 위해 제품의 친환경적인 특성을 허위로 꾸며내

는 행위이다. 이들은 이 행위를 통해 자신들이 벌인 환경 파괴 활동의 죄를 씻으려 한다.

예를 들자면 석유회사 BP는 '그린워시'를 하고 있다. 원래 BP는 브리티시 페트로이엄(British Petroleum)의 약자였다. 석유는 결코 친환경적일 수 없다. 석유, 석탄, 가스는 지구에서 추출돼 이산화탄소를 방출하여 기후변화의 책임이 있는 재생 불가능한 화석 에너지다. 이것은 풍력 및 태양에너지처럼 친환경적인 것으로 여겨지는 재생 가능한 에너지와 반대된다.

그래서 BP의 마케팅 부서는 대중에게 회사의 이미지를 개선할 새로운 아이디어를 생각해 냈다. 이제부터 BP를 '비욘드 페트롤륨(Beyond Petroleum, 석유를 넘어서서)'의 약자로 쓰기로 한 것이다. 그리고 회사 로고도 친환경적인 느낌을 주는 디자인으로 바꾸었다. 모든 것이 더 신선하고 더 친근하며 더 생태적이고 더 녹색 빛을 띤다. 그러나 비평가들은 이 석유회사가 정말로 친환경적인지에 대해 회의적이다. 그들은 회사가 행하는 행동이 가짜라 여기고 있다.

외부의 가짜뉴스 : 누가 영향을 끼칠까?

독일은 표현의 자유가 인정되는 나라다. 한국도 마찬가지다. 이는 우리가 동의할 수 없는 의견도 참고 들어야 한다는 것을 뜻한다. 그런데 다른 나라 정부가 우리나라를 겨냥해 여론 조종을 벌인다면 참아내기는 쉽지 않다.

독일에는 터키계가 290만 명 살고 있고, 450만 명이 넘는 주민은 러시아어를 쓰고 있다. 이들이 출신 국가의 정치 상황에 관심 있는 것은 당연한 일이다. 동시에 그들은 주로 외국 방송이나 인터넷 포털 사이트에서 정보를 수집한다. 이민자들 대다수는 바로 터키어나 러시아어 '미디어 버블'에 갇혀 살고 있다.

러시아와 터키도 이를 잘 알고 있다. 블라디미르 푸틴 러시아 대통령과 레제프 타이이프 에르도안 터키 대통령은 꾸준히 '민족적 소속감'을 주창한다. 즉 이들은 독일에 있는 터키인들이 자신들이 터키인이라는 것에 자랑스러워하고, 독일에 있는 러시아인들이 자신이 러시아인이라는 것에 자부심을 품길 바란다. 이를 통해 그들은 이들을 독일인과 분리시킨다. 이런 의미에서 그들은 사실을 왜곡하거나 독일 정부에 대항하는 것이라고 볼 수 있다.

예를 들어 사상이나 여론을 조작해 시민의 생각이나 행동을 특정한 방향으로 유도하는 러시아의 프로파간다(Propaganda)는 2014년부터 독일어 서비스도 제공하는 "러시아 투데이" 방송을 통해 널리 확산하고 있다. 소유주는 러시아 국영회사 '러시아 투데이'다. 이 방송은 러시아 국가 지도층의 아이디어로 제작되었다. 러시아 정부의 두 번째 메가폰도 러시아 투데이에서 나온 것인데, 바로 뉴스 통신사인 스푸트니크와 뉴스 포털 사이트, 독일어로도 제공되는 애플리케이션이다. 2014년 스푸트니크 사이트가 개설됐을 때, 아에르데(ARD) 소속 마르쿠스 잠발레 통신원은 '정보 전쟁'이 본격적으로 시작됐다고 말했다.

트롤은 트롤 공장에서
무엇을 할까?

인터넷 트롤은 판타지 소설에 등장하는 상상의 동물과는 아무런 관계가 없다. 그들은 컴퓨터 앞에 앉아서 또는 스마트폰이나 태블릿을 들고 다른 사람들을 선동하거나 가짜뉴스를 퍼뜨리는 사람이다. 일부는 돈벌이를 위해, 일부는 왜곡된 신념 때문에 그런 짓을 벌인다.

'트롤(Troll)'은 북유럽 신화에 나오는 심술쟁이 요괴로, 현재는 인터넷에서 분란을 일으키거나 상대방의 감정을 의도적으로 상하게 하는 악플러나 여론을 조작하는 조직이나 개

우크라이나 분쟁: 2014년 2월부터 우크라이나 동부에서 우크라이나 군인들이 러시아의 지원을 받는 반군과 전쟁을 하고 있다. 반군은 우크라이나 동부의 분리를 원한다.

위키리크스는 인터넷의 한 폭로 플랫폼이다. 이 사이트는 접근하기 어려운 비공개 정보들을 게시한다.

인을 지칭한다. 이 단어가 처음 언급된 것은 2003년이고, 당시 러시아 트롤들이 활약하고 있을 때였다. 그런데 2014년 우크라이나 분쟁이 벌어지면서 처음으로 트롤의 존재가 대중에게 알려졌다. 트롤들은 소셜미디어와 온라인 언론의 댓글 창으로 우리의 생각에 영향을 끼치려고 했다. 그들은 절대 실명을 쓰지 않고 위조계정, 즉 가짜계정을 사들였다.

트롤이었던 류드밀라 사브추크는 이름이 알려진 유명인물이다. 그녀는 2015년 초 상트페테르부르크에 있는 자칭 인터넷 연구기관을 위해 글을 썼다. 그녀의 일은 채팅방과 블로그에 블라디미르 푸틴 러시아 대통령과 그의 정책을 지지하는 글을 올리는 것이었다. 그녀는 트롤들이 '트롤 공장'이 있는 고층 빌딩에서 12시간씩 교대 근무를 한다고 보고했다. 그들은 대부분 휴식도 없이 일을 했다.

터키에서도 상황은 마찬가지다. 레제프 타이이프 에르도안 터키 대통령의 체제를 지지하고 국내외의 의견을 조종하는 약 6천 명의 트롤들이 있는 것으로 나타났다. 이 트롤 부대의 실체는 위키리크스 플랫폼을 통해 밝혀졌다. 오랫동안 터키 정부는 신문, 라디오, TV를 충분히 조종할 수 있다고 믿었다. 그러나 2013년 이스탄불 탁심 광장에서 시위 도중 처음 폭동이 일어났을 때 정부는 기존 정책을 바꿔, 그 후 지금까지 인터넷에서 사람들에게 영향을 끼치려고 노력 중이다.

왜 봇을 주의해야 할까?

가짜뉴스의 작성자가 항상 사람인 것만은 아
니다. 실제 존재하는 사람만 인터넷에서 콘텐츠
를 공유하거나 좋아요를 누르는 게 아니라는 뜻
이다. 이른바 '봇'이 그 뒤에 숨어 있는 경우가 종
종 있다. '봇'은 사람인 척하는 소프트웨어 프로
그램이다.

'봇(bot)'은 '로봇(robot)'의 줄임말이다. 이것은 소프트웨
어 로봇이라는 특수 컴퓨터 프로그램을 말한다. 봇은 페이
스북, 트위터에 가짜계정으로 잠복하기도 해서 '소셜봇'이
라 부르기도 한다. 이러한 봇 계정은 프로필이 있기도 하고
스스로 고안해 낸 이력도 있다. 봇 계정은 우리를 팔로우하

고 '좋아요'를 누르면서 마치 인간처럼 행동한다. 일반적으로 봇은 특정 키워드가 나타나면 가동한다. 봇은 때로는 의도적으로, 때로는 의도와 상관없이 소셜 네트워크에서 서로를 팔로우하기도 한다.

그렇다면 봇이 왜 문제가 될까? 무엇보다 봇이 너무 많기 때문이다. 누구든지 소액으로 봇을 사들여 자신의 의견이나 가짜뉴스를 빛의 속도로 퍼뜨릴 수 있다.

정치나 사회 문제를 다루는 봇을 '의견봇'이라고 한다. 이 봇은 사람이 어떤 특정 의견을 가지고 있다고 우리를 믿게 만든다. 의견봇에 의해 정치인 같은 어떤 한 사람을 수백만 번 비방하는 일이 빈번하게 발생한다. 아니면 정치인의 이름이 나타나자마자 해시태그가 널리 퍼지기도 한다. 예를 들어 '#nahlesforkanzlerin(#날레스를 총리로), #merkelmussweg(#메르켈 총리는 물러나라), #merkelforkanzlerin(#메르켈을 총리로)'처럼 말이다.

즉 봇을 이용하는 것은 사람들의 관심을 끌기 위한 노력이다. 보통 사람들은 그것이 봇인지 아닌지 분간할 수 없다. 그래서 2017년 총선 전 독일의 거대 정당들은 선거운동에서 봇을 사용하지 않기로 서로 합의를 보았다.

봇 문제가 얼마나 심각한지는, 인터넷에서 빈칸을 문자나 숫자로 채우거나 특정 내용이 포함된 이미지 단면을 선택하라는 요청을 받을 때 알 수 있다. 이러한 캡차(Captcha)를 통해서만 사이트 운영자는 우리가 봇이 아니라 인간이라는 것을 확인할 수 있는 것이다.

봇은 친구 요청도 할 수 있다. 이런 식으로 '친구' 수천 명을 가질 수 있지만, 이들 중 체온을 지닌 존재는 아무도 없다. 이런 일은 정치인들에게 꾸준하게 일어난다. 정치인들의 SNS 팔로워 3분의 1은 봇이라고 추정한다.

소셜봇을 어떻게
구분할 수 있을까?

봇을 구별한다는 것은 어려운 일이지만 최소한 시도는 해 볼 수 있다. 다음을 확인하면 된다. 게시물의 작성자와 관련해, 아래의 사항에서 한 개 이상이 해당한다면 그것은 봇일 확률이 높다.

가짜계정은 위조된 사용자 계정을 말한다.

'#'기호는 해시태그다. 특정 주제를 쉽게 찾을 수 있는 키워드라고 생각하면 된다.

미디어 전문가들은 미래에 봇이 정치 선거운동에 영향을 더 크게 끼칠까 봐 노심초사하고 있다.

1. 이름을 확인해라: 특이한 이름을 쓰고 있는가? 아니면 사용자가 이름을 전혀 표시하지 않는가?

2. 텍스트에 오류가 있는지 확인해라: 작성자의 국어 실력이 형편없는가? 텍스트에 문법 오류가 눈에 띄게 많은가? 작성자의 어휘력이 형편없는가?

3. 행동을 확인하라: 작성자가 하루에 50번 이상 트위터를 할 만큼 굉장히 자주 이용하는가? 작성자가 밤낮 가리지

않고 인터넷에 접속 중인가? 간단한 질문에만 대답하는가?
'좋아요'를 굉장히 빨리 클릭하는가?

4. 내용을 확인하라: 작성자가 항상 같은 주제만 언급하는가?

캡차(Captcha)는 인간 사용자와 로봇을 구분하는 프로그램이다.

소셜봇을 퇴치하는 데 가장 큰 걸림돌은 페이스북이나 트위터 같은 플랫폼의 경영진들이 실제 그 문제에 대응하는 데 별 관심이 없다는 점이다. 이 회사들은 그저 새로운 계정이 많이 만들어지는 데에만 관심이 있다.

애스트로터핑 : 상부에서 의견은 어떻게 만들어질까?

상상해 보자. 독일 고등학생 수십만 명이 고등학교 졸업시험으로 13학년을 마치고 응시하는 아비투어(Abitur)를 14학년을 마치고 치르는 것에 찬성한다는 글을 게시하고 공유하며 '좋아요'를 누른다. 그들의 좌우명은 '더 배우자. 우리는 더 오래 공부해도 괜찮다!'이다. 어떻게 될까?

다른 학생들은 그 게시글을 읽고 놀랐을 것이다. 14학년이 지나서 아비투어를 치른다는 말을 여태껏 들어 본 적이 없을 테니 말이다. 인터넷에서 실시한 해당 조사에서 수많은 김나지움 학생이 자발적으로 14학년 아비투어에 찬성표를 던졌다고 한다. 늦어도 지금부터는 모든 학생과 학부모,

정치인, 교사, 교장과 언론인들도 이에 대해 논쟁을 벌이게
될 것이다.

사회의 기초에서 시작하고, 정치인이나 협회에 의해 일
어나지 않은 이러한 운동을 '풀뿌리 운동'이라고 부른다.

그런데 이제는 가짜 풀뿌리 운동도 생겨났다. 이것은 마
치 아주 많은 사람이 어떤 주제에 지지하는 것처럼 보이지
만 실제로 그 운동은 개별 회사나 기업이 조작한 것이다. 이
러한 행태를 애스트로터핑(astroturfing)이라고 한다. 이것은
현실을 왜곡하기에 가짜뉴스 범주에 속한다.

이를 위해 앞서 언급했던 트롤들이 고용된다. 그러니까
인터넷에서 여러 개의 가짜계정으로 작업하고 계획된 의견
을 널리 확산시키는 사용자들 말이다. 트롤들은 봇을 이용
해 의견을 공유하고 '좋아요'를 누르고 글을 게시한다. 일부
는 위키피디아 항목을 조작하고 신문사와 라디오 방송국에
직접 이 메일, 독자편지, 비디오 영상을 마구잡이로 보내기
도 한다. 트롤에게 돈을 지급하는 기업, 협회, 정치인들은 이
러한 방식으로 논쟁을 촉발하고 다른 사용자들을 조종하는
것이다.

애스트로터프
(AstroTurf)는 미국의
인공 잔디 브랜드다.
인공적이고. 위에서
부터 조작된 풀뿌리
운동을 애스트로터핑
(astroturfing)이라고
부르는 이유다. 인공
잔디 운동이라고 불
러도 된다.

제3장

가짜뉴스는
영원히 존재한다

하나의 거짓말은 어떻게
수천 년 동안 살아남았을까?

요즈음 가짜뉴스가 사람들의 입에 오르내리고 있다. 그런데 가짜뉴스가 정말 새로운 현상일까? 대답은 '아니다'이다. 가짜뉴스는 예전부터 항상 존재해 왔다. 우리가 알고 있는 최초의 가짜뉴스는 고대 이집트에서 유래한 것이다.

기원전 1274년경에 벌어졌던 일이다. 당시 이집트의 파라오 람세스 2세는 카데시 근방에서 히타이트 제국과 전쟁을 치르고 돌아왔다. 카데시는 현재 시리아의 서쪽 경계에 있는 지역이었다. 람세스 2세는 자신이 히타이트 제국을 격파했다고 주장했다. 적군의 전차 수천 대가 파괴됐다고도 밝혔다. 그러나 그 말은 사실이 아니었다. 오히려 람세스 2

세가 공격을 받은 것이었다.

그러나 신적 존재인 람세스 2세의 말을 의심하는 이는 아무도 없었고, 당시에는 종군 기자와 같은 사람도 없었다. 석공들은 그의 위대한 승리를 기념비에 새겼고 그 거짓말은 세월이 흐르면서 사실로 둔갑해 버렸다. 기념비에는 막강한 람세스 2세가 적을 오론테스 강으로 몰아넣었다고 적혔있다.

그때부터 모든 이집트인이 람세스 2세는 믿을 수 없을 정도로 위대한 장군이라고 믿었다. 지금까지도 테베의 역사에서 이러한 첫 허위 보고에 감탄할 것이고, 방문객들은 옛 람세스 2세의 군사적 추진력에 여전히 큰 감명을 받고 있을 것이다.

우리가 잘 알고 있듯이, 자신에게 유리하게 역사를 왜곡하려 했던 통치자가 람세스 2세만 있는 게 아니다. 요즈음도 전제 군주들은 비평가와 기자들의 입을 막으려고 한다. 그들은 자신들의 가짜뉴스와 조작이 쉽게 들통날까 봐 걱정한다. 그러나 민주주의 사회에서 정부는 언론의 자유와 표현의 자유를 옹호한다. 그렇지 않다면 민주주의에 관해서 어떤 이야기도 할 수 없다.

람세스 2세만큼 아주 오래 국가를 통치한 사람은 없다. 그는 기원전 1279~1213년까지 무려 66년간 이집트를 통치했다.

전제 정치는 독재 정치나 다름없는 말이다. 전제 군주나 독재 정권은 어떤 통제도 받지 않은 채 국가 및 주민의 운명을 제멋대로 결정한다.

왜 항상 자세히 들여다봐야 할까?

흔히 '거짓말은 오래 못 간다'라고 말한다. 이 말은 거짓말쟁이들이 대개 실수를 저지르기 때문에 금방 들통난다는 것을 뜻한다. 그런데 이 말이 항상 맞는 것은 아니다. 역사상 굉장히 강력했던 가짜뉴스는 지독하게 오래 갔다.

317년의 일이다. 이 시기는 콘스탄티누스 대제가 로마를 통치했다. 당시 교황 실베스터 1세는 콘스탄티누스 대제의 나병을 치료하고 세례를 해 주었다. 감사의 마음으로 콘스탄티누스 대제는 교황에게 로마시를 넘겼다. 여기서 그치지 않고 콘스탄티누스 대제는 가톨릭교회에 로마 제국 서쪽의 절반과 거기에 덧붙여 서양 전체를 통째로 선물했다. 기한은 '시간이 끝날 때까지'였다. 그것도 충분하지 않았는지, 콘스탄티누스 대제는 자신의 제국 수도인 로마를 비잔티움으로 이전했다. 당시의 이름은 이스탄불(현재의 터키)이었다. 이제 교황은 마치 동화 속 이야기처럼, 누구의 간섭도 받지 않으면서 단독으로 로마를 지배할 수 있게 되었다.

그런데 사실, 이 모든 이야기는 말 그대로 그저 동화에 지나지 않았다. 그러한 증여 자체가 가짜였기 때문이다. 그 증여 증서는 500년이 지난 후에 처음 작성된 것이었다. 그래도 사람들은 이 거짓 이야기를 600년이나 넘게 믿어 왔다.

1440년에 이르러서야 인문학자 로렌초 발라(1407~1457)가 그 문서를 자세히 살펴보았다. 그는 이 문서에 비잔티움 도시가 콘스탄티노플이라고 표시돼있는 것을 포착했다. 317년에 그 도시는 비잔티움이라고 불렸다! 그러니 이는 절대 있을 수 없는 일이었다. 위조자가 바보 같은 실수를 저지른 것이다. 그런데 이 사기 행각은 너무도 늦게 들통이 났다. 그 사이에 가톨릭교회는 이미 사실로 만들어 버렸다. 이제 누가 로마 교황에게서 그의 자리를 빼앗을 수 있을까? 천 년이 지난 후에? 이로부터 우리가 무엇을 배우겠는가? 그래서 어떤 주장에 신뢰를 표하기 전에 최소한 두 번 정도는 자세히 들여다봐야 한다.

인문학자 로렌초 발라는 텍스트의 진짜 내용을 검토해서 세계사에 나오는 엄청난 가짜뉴스들을 밝혀냈다

가짜뉴스는 박해와 차별과 어떤 관계가 있을까?

가짜뉴스와 거짓말은 흔히 다른 사람들을 비방하는 데 이용한다. 이는 아무도 희생자를 동정하지 않을 때까지 지속한다. 대개 피부색과 종교, 출신이 다른 사람들이 가짜뉴스의 희생자가 된다.

1307년 파리에서는 '예루살렘의 그리스도와 솔로몬 성전의 가난한 기사들', 속칭 '성전기사단'을 박해한 일이 있었다. 이 기사들은 십자군 전쟁 중에 무슬림과 싸우려고 프랑스에서 예루살렘으로 행진했다. 오늘날 사람들은 이들을 엘리트 부대라고 묘사할 것이다. 그들은 자신을 '가난한' 기사들이라고 했지만, 실상은 정반대였다. 그들은 토지를 소유했고 은행을 통제했으며 엄청난 양의 보물을 축적했다. 바로 이 재산이 그들을 파국의 길로 몰아넣었다.

왜냐하면, 프랑스의 왕 필립 4세(1268-1314)가 파산하면서 기사단에 채무를 지게 됐었다. 그는 기사단이 소유한 토지를 빼앗기 위해 소문을 퍼뜨렸다. 그들에게 당시 심각한 범죄로 취급됐던 무신론자와 동성애자라는 혐의를 씌웠다. 이런 식으로 그는 시민들에게 소문을 퍼뜨렸다. 기사단은 그러한 가짜 범죄 행위를 자백할 때까지 모진 박해와 고문을 받았다. 결국, 기사단은 1312년 해체됐다. 필립 4세는 선동과 가짜뉴스로 완벽하게 이 일을 해냈다.

하지만 이 모든 계략에도 그는 금전적인 보상을 전혀 얻지 못했다. 기사단이 소유한 토지는 교황에 의해 '요한 기사 수도회'로 이전됐기 때문이다. 아마도 완전히 허구일지도 모를 '보물'은 제외하고 말이다. 요한 기사 수도회는 지금도 존재하고 있다. 무엇보다도 이 수도회는 '요한 기사 수도회 응급구조 협회' 같은 자선 단체를 이끌고 있다.

거짓말은 어떻게
유대인 혐오를 촉발했을까?

유대인들의 전 세계 정복 음모론을 담아 유대인을 폄훼하고 반유대주의를 조장한 위서인 '시온 장로 의정서는 수백만 명의 생명을 빼앗은 가짜 문서다. 특히 독일에서 이 문서는 심각한 결과를 초래했다. 국가사회주의자(나치)들이 유대인 박해의 근거로 바로 이 문서를 이용했기 때문이다.

1903년 시온 장로 의정서가 러시아어로 처음 출판됐다. 이 문서에는 세계를 지배하려고 했다는 유대인들의 모임을 기록한 내용이 담겨 있다. 그 내용은 전혀 사실이 아님에도 전 세계적으로 큰 영향을 끼쳤다. 처음에는 러시아인들이, 이후에는 유럽 전역에서 유대인의 이러한 음모론에 공포심을 느끼게 된 것이다.

약 20년 후 런던의 더 타임스는 그 문서가 허위임을 공식 인정했다. 그럼에도, 그 후로도 수많은 사람이 그것을 진짜라고 믿었다. 독일에서는 국가사회주의자들이 끔찍한 방식으로 그 문서를 이용했다. 유대인에 대한 혐오감은 1938년 11월 9~10일 밤, 이른바 '제국 수정의 밤'에 최고조에 이르렀다. 사람들은 뮌헨과 베를린 도심을 지나면서 닥치는 대로 유대인 예배당인 시나고그에 불을 지르고 유대인 수백만 명을 학살했다. 위조된 그 의정서는 아직도 아랍 국가에서 이스라엘과 유대인을 비방할 때 이용하고 있다.

시나고그 (synagogue)는 기독교의 교회나 이슬람의 사원처럼 유대인들이 함께 모여 기도를 올리기 위한 예배당이다.

시온 장로 의정서의 독일어 초판은 1920년 '시온 장로의 비밀'이라는 제목으로 출판되었다.

어디까지가 문학이고
어디까지가 가짜뉴스 일까?

"옛날 옛적에……"로 시작하는 말을 들으면 누군가가 우리에게 동화를 들려주는 듯한 느낌이 든다. 우리는 동화가 허구라는 것을 잘 안다. 그런데 가끔 어떤 저자는 우리에게 동화를 들려주고서는 마치 모든 내용이 사실인 것처럼 가장하기도 한다. 그렇다면 이것은 가짜뉴스에 해당할까?

사실을 위조하고 왜곡하는 작가들이 있다. 이들 중 가장 유명한 인물은 영국의 소설가 다니엘 디포(1660~1731)다. 그는 약 350년 전 영국에서 살았고, 소설 〈로빈슨 크루소〉로 일약 유명 작가 반열에 올랐다. 어느 외딴섬에 표류한 한 남자의 이야기를 다룬다. 주인공과 비슷한 일을 겪었던 실제 인물을 바탕으로 쓴 작품이다. 디포는 대부분이 허구임에도 불구하고 이 책을 일종의 '보고서'라고 말했다. 그럼 이 책의 내용은 가짜라고 봐야 할까? 적어도 디포가 의도해서 독자들을 속였던 것은 사실이다.

디포는 1722년에 〈전염병 연대기〉라는 책을 출판했다. 부제는 '한평생 런던에서 살았던 시민이 쓴, 한 번도 출판된 적 없는 이야기'다. 실제로 전염병이 1664~1665년에 런던에서 대유행한 것은 사실이지만 디포는 책에서 허구의 주인공과 다양한 사건들을 꾸며냈다. 그리고 '한 번도 출판된 적이 없다'와 같은 문구로 독자를 끌어들이려고 했다. 사람들은 보고서 형식으로 기록된 이 소설을 거의 200년 동안 실화라고 여겼다.

요즘 특히 인터넷 뉴스는 독자들의 관심을 끌기 위해 '센세이션', '폭로' 등과 같은 자극적인 표현을 무차별적으로 쓴다.

요즈음 책에서는 이러한 과대 광고식의 표현을 쓰는 경우를 보기는 드물지만, 인터넷과 신문에서는 '센세이션', '폭로'라는 표현을 쓰는 것을 자주 목격한다. 전문용어로 이를 '스캔들화하기'라고 부른다. 실제 사건이나 허구 사건을 끔찍한 사건으로 묘사할 수 있는 것이다. 저자들은 진실에는 별로 신경을 쓰지 않는 듯 보이고, 어떻게 해서든지 독자에게 관심 끄는 것만 중요하게 여기는 것 같다.

사진은 언제부터
우리를 속였을까?

사진이 발명되기 전, 사람들은 대개 자신의 눈에 의존할 수밖에 없었다. 그러나 지금은 가공했거나 낯설게 편집했거나 조작한 사진을 다루는 일이 흔해졌다. 그래서 우리가 보는 모든 것이 바로 사실로 보이기에 우리는 그 사진에 속기도 한다.

1917년 러시아에는 카메라 자체를 가지고 있는 사람이 드물었다. 당시 블라디미르 일리치 레닌은 상트페테르부르크에서 차르를 무너뜨리고 싶었다. 그러니까 그는 혁명을 일으키고 싶었다. 레닌은 러시아의 통치권을 뒤집으려는 사회주의자 단체의 일원이었다. 이 사회주의자들은 더 공정한 사회를 꿈꿔 왔다. 1917년 11월 8일 순양함 '오로라'호는 인근의 네바강 근처에서 차르 궁전 '습격'을 알리는 신호탄을 쏘아 올렸다. 격렬하게 저항한 세력이 없었기에 레닌의 임시 정부는 비교적 수월하게 체포 작전을 펼칠 수 있었다. 그 후에 이 모든 일은 '10월 사회주의 대혁명'이라는 표현으로 포장됐다. 그날은 러시아 역사에서 중요한 날이었다. 어리석게도 그날을 기념하는 사진이 한 장도 없었지만 말이다.

레닌은 이 상황이 굉장히 못마땅했다. 그는 인민들에게 사회주의자들이 얼마나 용맹하게 싸웠는지 보여주고 싶었다. 그래서 혁명이 끝난 후, 차르 궁전 습격 광경을 수많은 총격 장면과 액션 장면만으로 가득 채운 어마어마한 연극 작품으로 제작해 3년 내내 상연했다. 배우 1만 명과 관중 6만 명이 겨울 궁전으로 몰려와 가짜 작품을 제작하는 데 동원됐다.

러시아가 속했던 소비에트 연방(1922–1991)은 일당 독재 국가였다.

그런 식으로 모스크바의 통치자는 70년 동안 소비에트 연방에서 영광스러운 10월 혁명의 사진을 유지할 수 있었다. 서유럽과 미국의 수많은 사람도 그것이 실제 있었던 일이라고 믿었을 정도였다.

전쟁은 가짜뉴스와
어떤 관계가 있을까?

전쟁에서는 첫 발포 소식보다 의도적으로 만든 가짜뉴스가 세상에 먼저 퍼지기도 한다. 공격자는 언제나 전쟁의 명분을 찾아야기에 필요할 경우 그 이유를 조작도 한다. 때로는 마치 정식 연극 작품인 것처럼 만들어 상연도 한다. 1939년의 그날처럼.

그 일은 다음과 같이 일어났다. 1939년 8월 31일 무장한 어떤 세력이 독일과 폴란드 국경 지대에 있는, 현재는 폴란드령으로 글리비체라고 부르는 글라이비츠 독일 라디오 방송국을 습격해 국민 라디오로 선언문을 낭독했다. "주목하라, 주목하라! 여기는 글라이비츠 방송국이다. 이 방송국은 폴란드인의 손으로 넘어왔다. 자유의 시간이 다가왔다. 폴란드 만세!"

　이는 사실 히틀러의 친위대(SS) 소속 독일인이 자작한 사기극이었다. 그러나 당시 독일인들은 폴란드군이 방송국에 침입했다고 믿을 수밖에 없었다. 그것은 끔찍한 결과를 가져온 한 편의 연극과도 같았다. 이제 히틀러는 폴란드를 공격하기 위한 명분을 가지게 됐다. 히틀러는 독일이 선제공격을 당했다는 주장을 펼쳤다. 다음 날인 1939년 9월 1일, 선전포고를 했다. "폴란드는 오늘 밤 난생처음 우리의 영토에서 정규 군인들을 향해 총을 쏘았다. 5시 45분부터 우리도 적에 대응해 발포하겠다. 그리고 지금부터 폭탄은 폭탄으로 갚아 주겠다." 이렇게 제2차 세계대전의 서막이 올랐다.

국민 라디오는 아돌프 히틀러가 권력을 장악한 직후 독일에서 생산된 라디오 수신기였다. 나치는 국민 라디오로 선전을 전파했다.

광고대행사는 어떻게 전쟁을 인기 상품으로 만들었을까?

광고전문가들은 심리학을 이용해 작업한다. 물건이나 메시지를 판매하기 위해 그들은 사람들의 감정을 알아내려고 노력한다. 이를 능숙하게 하는 사람은 전쟁도 '판매할 수 있다.'

1990년 이라크 군대가 인접 국가인 쿠웨이트를 침공했다. 당시 미국 조지 부시 대통령 정부에 도움을 요청하기 위해 쿠웨이트 정부는 놀라운 계획을 고안해 냈다. 바로 16세 소녀 나이라 알 사바에게 미국 의회에서 공개 연설을 하도록 한 것이다. 그녀는 이라크 군인들이 병원 인큐베이터에서 조산아를 빼서 잔인하게 찢어 죽였다고 진술했다. 미국인들은 흐느끼는 소녀의 증언을 들으며 미국이 쿠웨이트를

군주국인 쿠웨이트는 석유생산으로 살아가고, 토지 대부분이 사막으로 뒤덮인 나라다.

즉각 도와주길 원했다. 이렇게 해서 미국의 제1차 이라크 전쟁이 시작됐다.

그런데 이 소녀의 증언은 거짓말이었다. 나이라 알 사바는 자신이 언급했던 그 병원에 가 본 적도 없었다. 그녀의 증언이 설득력 있게 들릴 수 있도록 광고대행사가 사전에 치밀하게 준비한 것이다.

2003년에 제2차 이라크 전쟁이 발발했다. 이번에는 이라크 통치자 사담 후세인이 곤경에 빠졌다. 이때는 미국 대통령은 아버지 조지 부시가 아니라 아들 조지 W. 부시 대통령이었다. 이 정부는 위조된 이라크 비밀 화학무기 실험실의 사진을 대중에 공개했다. 그 후 세상 모든 사람이 이라크의 미국 공격을 저지하기 위해 이라크와의 전쟁은 불가피하다고 믿었다. 그런데 전쟁의 진짜 목적은 미국의 경제적 문제 때문이었다.

이와 같은 거짓말에서 우리를 보호할 방법은 무엇일까? 무엇보다 자유롭게 정보를 제공하고 정치인과 기부자들에게 의존하지 않는 언론인들이 우리를 보호할 수 있을 것이다.

언론인은 어떻게 이용될까?

전쟁 중에 종군 기자들은 본국에 있는 국민의
눈과 귀가 된다. 그러나 이러한 언론인을 정치적
목적으로 이용하기 위해, 그리고 전쟁 보도에 영
향을 끼치려고 정부는 항상 새로운 방법을 쓴다.

미국은 11년 동안(1964~1975) 베트남에서 전쟁을 치렀다.
당시 정부는 언론에 폭넓은 자유를 보장했다. 그 결과, 미국
국민은 끔찍한 전쟁 현장의 사진을 보았고, 마침내 전쟁을
반대했다. 그래서 2003년 제2차 이라크 전쟁이 발발했을 때
미국 정부는 기자를 다루는 방법을 바꿔 '배속 기자'를 키워
냈다. 이는 군대 조직에 소속된 종군 기자를 말한다. 이 배
속 기자들은 정부와 군대의 고위 관리들이 원하는 것만 보

고 촬영한다.

당시 이라크 전쟁 중에 시청자들은 TV에서 고도의 정확도로 군사적 목표물을 제거하는 이른바 스마트 폭탄을 자주 보게 되었다. 컴퓨터 화면 속 게임처럼 모든 것이 정확하다는 느낌을 받았다. 그런데 실제로는 스마트 폭탄은 거의 사용 않았던 것으로 밝혀졌다. 폭탄 대부분은 명중률이 낮은 폭탄이었고, 그로 인해 수많은 민간인이 희생되었다.

오늘날 인터넷은 대중에게 자기 뜻을 관철하려는 수많은 정치인에게 문제를 제기한다. 정치인들은 시리아의 어떤 한 유튜버가 스마트 않은 폭탄으로 피해가 생긴 곳을 촬영해 유튜브에 올리는 걸 막기 힘들다. 단 이러한 영상 자료들 대부분은 한 개인의 관점만을 반영하기에 이 역시 신중히 받아들여야 한다. 게다가 영상 자료의 진정성이 언론인에 의해 나쁘게 평가될 수 있고, 때로는 그 영상 자체가 가짜일 수도 있다. 더구나 정부도 가끔 위조자로부터 위조된 영상을 사들이기도 한다.

스마트 폭탄은 진로 유도 센서가 부착되어 있어 적은 수로도 목표물을 명중시킬 수 있다.

제4장

포퓰리스트, 정치인, 언론

누가 우파고 누가 좌파일까?

　가짜뉴스와 관련해 독일에서는 '우파집단', 특히 '독일을 위한 대안당(AfD)'이 가짜뉴스를 제작한다고 자주 거론된다. 그렇다면 '우파'란 무엇일까? 그리고 어떤 집단은 왜 '좌파'에, 또 어떤 집단은 왜 '중도'에 속할까?

　한국의 국회에 해당하는 독일 연방 의회 의장의 시선에서 오른쪽에 앉아 있는 의원들은 정치적으로 우파고, 왼쪽에 앉아 있는 의원들은 좌파다. 물론 이 상황이 정치적 좌파 우파의 의미를 설명해 주지는 않는다. 이 현상을 이해하려면 의회의 역사를 잠시나마 살펴보는 게 좋다.

모든 것은 1814~1815년 프랑스의 사령관이자 황제인 나폴레옹 보나파르트가 몰락한 이후에 시작됐다. 당시 프랑스에서 의원들이 (일종의 연방 의회인) 하원에서 자리에 앉을 때, 귀족의 대표들은 명예의 자리인 의장의 오른편 자리를 부여받았다. 귀족은 가능한 한 큰 권력을 유지하려 했기 때문에 이들에게 개혁을 설득하는 것은 어려운 일이었다. 귀족은 지금 가지고 있는 것을 계속 보존하기를, 말하자면 자신의 것을 지키기를 원했다. 귀족들은 지난 수백 년 동안 토지와 재산, 특권을 축적했다. 당시 유럽 전역에는 다른 귀족들도 있었다. 그들은 남작, 영주, 공작, 백작, 왕, 황제, 차르와 같은 칭호를 부여받았다. 끝으로 귀족들은 제2차 세계대전으로 정치적 권력을 상실했지만, 그 후 지금까지 기존의 규칙과 지위를 고수하고자 하는 정치인을 보수적이거나 우파적인 정치인으로 묘사한다.

포퓰리스트와 거짓말쟁이 언론 :
누가 누구를 욕하고 있는가?

일부 정치인들은 언론인을 '거짓말쟁이 언론'이라고 비난한다. 반면 언론인들은 이 정치인들을 가짜뉴스를 퍼뜨리는 '포퓰리스트'라고 주장한다. 도대체 이 논쟁의 배후에는 무엇이 있는 걸까?

정치인들이 언론인을 '거짓말쟁이 언론'과 관련 있다고 비난하는 것은 이미 200년 전부터 있었던 일이다. 국가사회주의자들(1933~1945) 사이에서 그 용어는 크게 유행했다. 당시에 그들은 '거짓말쟁이 언론'의 배후에는 언론을 통해 여론을 조작하는 유대인의 음모가 있다고 주장했다. 제2차 세계대전이 끝난 후 그 말은 거의 사라졌다.

2014년에 '거짓말쟁이 언론'이라는 표현은 반이슬람을 외치는 극우 시위대 '서양의 이슬람화를 반대하는 애국적 유럽인'이라는 뜻의 극우 시위대 페기다(Pegida)로 다시 유행했다. 이 시위대는 공영 방송사와 수많은 일간지 같은 자유 언론을 '거짓말쟁이 언론'이라고 불렀다. 비난의 요점은 언론이 앙겔라 메르켈 총리와 그의 정부가 원하는 것만을 보도한다는 것이다.

지금의 '거짓말쟁이 언론'에 대해 언급하는 정치인과 시민들은 자신들의 주장이 언론에서 충분히 고려되지 않고 소외당한다고 주장한다. '페기다' 시위자들과 '독일을 위한 대안당(AfD)' 당원들은 이것을 번번이 강조한다. 그들은 자신을 희생자로 묘사하고, 무시당한 시민들의 목소리를 대변한다고 여긴다.

포퓰리스트란 대체 무엇일까?

포퓰리즘이라는 단어는 '국민'을 뜻하는 라틴어 '포풀루스(populus)'에서 왔다. 포퓰리스트는 대개 복잡한 주제를 단순화한다. 포퓰리스트는 진실이 아니라 국민의 비위를 맞추고, 복잡한 문제에 되도록 단순한 해결책을 제시하는 것에 집중한다. 특히 그들은 무언가에 대해 막연한 불안감이 있는 시민들의 두려움을 한층 강화하는 것을 즐긴다. 동시에 그 불안감의 원인을 지목한다. 일반적으로 포퓰리스트들은 '높으신 분들'이다.

그러나 포퓰리스트가 보기에 '높으신 분들'은 그 조직에서 권력의 정상까지 올라갔던 자들이다. 포퓰리스트는 스스로 풍부한 상식을 갖추고 정직하며 신뢰할 수 있는 사람으로 묘사한다. 그리고 절대 '높으신 분들'처럼 행동하지 않는다. 나아가 그들은 '높으신 분들'은 지지율이 높아지면 더는 국민의 의지를 대변 않는다고 주장한다.

과거에는 좌파 진영의 정치인들도 포퓰리즘 정책을 펼친다고 비난을 받았지만 최근 들어서는 독일 우파 진영의 정치인들이 포퓰리스트로 불리고 있다. 세계로 시선을 돌리면 지금은 트럼프 전 미국 대통령, 프랑스의 극우 정당 국민연합의 대표 르펜, 터키 에르도안 대통령이 대표적 포퓰리스트로 불린다.

그런데 실상은 포퓰리스트들이 권력을 잡게 되면 본인들도 '높으신 분들'에 속하게 된다. 그러면서도 포퓰리스트들은 꾸준히 스스로 국민의 대리인이라고 여긴다. 예를 들어 마리 르펜은 2017년에 '국민의 이름으로'라는 모토를 앞세우고 선거 유세를 펼쳤다. '독일을 위한 대안당(AfD)'의 정치인들은 본인들이 국민을 잘 알고 있고 또 국민을 대리한다며 국민의 의지라는 표현을 즐겨 썼다. 터키의 에르도안 대통령은 '나의 국민'이라는 표현을 지나칠 정도로 고수한다.

포퓰리스트는 국민과 가까이 있으려고 하지만 언론인은 진실에 가까워지려고 노력한다. 언론인은 시민들에게 뉴스를 보도하고 사실을 분류하며 설명도 해 줄 것이다. 그리고 모두가 좋아하지 않을 수도 있는 진실도 보여줄 것이다.

이처럼 포퓰리스트와 언론인은 서로 다른 목표를 가지고 있다. 그래서 그들 사이에는 분쟁이 자주 일어나고, 한쪽은 다른 쪽에게 가짜뉴스를 퍼뜨린다고 비난한다.

포퓰리스트는 왜 그렇게
트위터를 좋아할까?

마이크로 블로그 서비스인 트위터는 '트윗'이
라는 280자 이내의 짧은 메시지를 퍼뜨릴 수 있
도록 해 준다. 그런데 포퓰리스트들은 여기서 어
떤 매력을 느끼는 걸까?

포퓰리스트는 대립을
더 심화시키고 타협
이 이루어지지 않도
록 한다. 이것이 양극
화다.

포퓰리스트 정치인들은 시민과 직접 마주하는 것을 좋아
한다. 그들은 그렇게 함으로써 기자들의 반대 질문을 듣지
않고도 본인의 생각과 관점을 사람들에게 설명할 수 있다.
트위터가 이 역할을 톡톡히 한다. 더구나 그들은 기자들이
가짜뉴스를 퍼뜨린다고 비난하고, 이런 행위는 언론을 향한
시민들의 신뢰감을 흔들어 놓는다. 그래서 트위터는 많은
사람에게 점점 더 의지가 되는 정보의 원천지로 다가선다.
'독일을 위한 대안당(AfD)'의 배아트릭스 폰 스토치 의원

같은 포퓰리스트는 특히 사회를 양극화하는 데 트위터를 이용한다. 가령 폰 스토치는 2017년 8월에 시리아 난민의 가족초청과 관련한 논쟁에 대해 '#시리아인(Syrer), #가족초청(Familiennachzug), #독일을위한대안당(AfD), #독일을신뢰하자(TrauDichDeutschland)'와 같은 해시태그를 달고 다음 내용을 써서 트윗했다. '우리의 찬송가를 부르자. 우리의 피부색으로 치장하자. 그리고 이 모든 것을 파괴하자.' 즉 그는 시리아 난민들이 권한도 없으면서 독일의 전통을 빼앗고 무력화하고 손상한다고 비난한 것이다.

일부는 폰 스토치의 주장에 동의했지만 다른 사람들은 시리아 난민을 혐오하는 그의 말에 격앙하며 반대했다. 바로 이것이 포퓰리스트가 원하는 것이다. 즉 사회의 분열 말이다. 이러한 우파의 혐오 표현에 대응하는 가장 좋은 방법은 그런 주장에 사실로 맞받아치며 선동당하지 않는 것이다.

포퓰리스트는 왜 기후변화를 부인할까?

포퓰리스트에게 기후변화에 관해 묻는다면 무척 좋아할 것이다. 왜냐하면, 기후변화가 자연적인 원인인지 인간에 의해 일어난 재앙인지에 관한 논쟁은 유권자를 얻는 데 필요한 모든 것을 제공하기 때문이다.

이산화탄소(CO2) 같은 온실가스는 기후변화에 공동 책임이 있다. 예를 들자면 이것은 자동차의 배기가스와 함께 배출되기 때문이다.

기후 전문가들은 현재의 지구온난화의 주된 책임은 인간이라고 한다. 그들은 지구온난화의 원인으로 인간에 의한 이산화탄소(CO2) 배출을 지목한다. 또 다른 기후변화를 피하려면 앞으로 이산화탄소 배출량을 줄이라고 경고한다. 그러나 거기에는 천문학적인 비용이 들고, 또 우리 모두의 삶을 변화시킨다. 그런데 권위 있는 누군가가 기후변화는 자연적인 현상이라고 주장한다면 이 얼마나 반가운 일이겠는가.

만일 그렇다면 여름휴가 때 타는 비행기의 연료가 환경을 오염시켜도, 한겨울에 방 창문을 연 채 35도로 난방 설정을 해도 양심의 가책을 덜 받을 테니 말이다. 물론 기후변화에 미치는 인간의 영향력을 아예 부인하는 과학자들은 없겠지만 포퓰리스트에게는 사실이 아니라 감정이 중요한 법이다.

2017~2018년 겨울 미국의 북동부 지역에 기온이 영하 30도로 떨어지면서 노숙자들이 길거리에서 동사하는 일이 속출했을 때 트럼프 대통령은 트위터에 다음과 같은 글을 남겼다.

미국과 캐나다. 호주에서는 국민 한 명당 온실가스를 유럽보다 약 3배 이상, 중국보다 약 8배 이상 배출한다.

'동부에서는 가장 추운 날로 기록된 제야가 될 것입니다. 우리는 아마도 미국이 (예방하기 위해) 수십억 달러를 퍼부어야 했던 기존의 지구온난화를 조금은 이용할 수 있었을 것입니다.'

지구온난화 예방 비용이 아깝고, 또 비용을 덜 썼으면 그만큼 더 따뜻해져 동사하는 일이 줄어들었을 것이라는 말이다. 얼어 죽은 노숙자에 대해서는 한마디도 않았기에 그 발언은 선동적일 뿐만 아니라 비인간적이라는 지적은 트럼프 대통령에게 어떠한 영향도 미치지 못한다. 이러한 선동이 바로 그의 정책의 한 부분이기 때문이다.

국가에서 '제4의 권력'은 무엇일까?

국가 통치자가 나라의 일을 혼자서 모두 결정하면 우리는 그를 독재자라고 부른다. 민주주의 사회는 완전히 다르다. 이 사회에서는 권력이 한 사람에게만 집중되지 않고, 여러 기관에 분산된다. 권력의 남용을 방지하기 위해서다.

정치권에서는 '힘'이라는 표현 대신 '권력'이라는 말을 사용한다. 권력의 분류(삼권분립)는 독일의 기본법(제20조 2항)에 규정됐을 만큼 중요하다. 세 가지 권력은 다음과 같다. 한국도 마찬가지다.

1. 입법권(입법부): 법안을 준비하고 논의하며 통과시키는 의회를 말한다. 연방하원, 연방상원, 주의회가 속한다. 의원들은 여기에 앉아서 국가 생활에 규칙을 세우는 법안들을

표결한다. 대한민국의 입법부는 국회로, 단원제를 원칙으로 하며, 기초의회와 광역의회도 여기에 속한다.

2. 행정권(행정부): 법을 집행하는 모든 기관을 말한다. 주 정부, 경찰, 여러 공공기관과 관청을 예로 들 수 있다. 경찰이 현장에서 범인을 잡아 그를 체포하는 것은 법이 규정한 일을 집행한 것이다. 대한민국의 행정부에는 18개 부처와 도·시청 등 대부분 관공서가 속해 있으며 최고 책임자는 대통령이다

3. 사법권(사법부): 법을 해석하고 적용하는 곳으로 판사가 있는 법원을 말한다. 대한민국의 사법부는 최고 법원인 대법원을 필두로 하여 각급 법원인 고등법원, 지방법원, 특허법원 등이 있다.

이제 비공식적인 네 번째 권력으로는 언론을 들 수 있다. 신문, 라디오, TV, 정치 블로그 등이 이에 속한다. 이러한 '제4의 권력'은 법안을 통과시키거나 법률을 제정하지는 않지만, 민주주의 사회를 위해 중요한 감시기능을 수행한다. 즉 언론은 시민들에게 국가에서 일어나는 모든 일을 알려주고 필요할 경우, 여론의 관심으로 사회에서 일어나는 불공정한 일로 되돌릴 수도 있다.

언론인은 어떤 일을 할까?

본인을 소개할 때 면허도 없이 지붕 조립공이나 치과의사라고 말할 수는 없다. 하지만 원칙적으로 모든 사람이 자신을 기자라고 칭하는 건 가능하다. 기자라는 직함에 특정한 조건이 필요한 것은 아니기 때문이다. 그렇다면 기자는 국가에서 누구를 대표하고 어떤 역할을 할까?

사회에 언론인이 존재하지 않는다고 상상해 보자. 정치인들이 무엇을 하고 있는지 알려면 우리는 이들을 계속 따라다녀야 할 것이다. 또한, 정치인들이 항상 진실만을 말하고 있는지도 우리 스스로 확인해야 한다. 굉장히 피곤한 일이다.

언론인은 바로 이런 일을 위임받아 정치, 경제, 문화뿐만 아니라 축구경기처럼 뉴스 가치가 있고 사회와 관련이 있는 정보를 시민들에게 알려준다.

언론인이 이러한 일을 위해서는 특정권리가 필요하다. 가장 중요한 권리는 독일 연방 공화국 기본법 제5조 1항에 명시돼 있다. '모든 사람은 자신의 의사를 말, 글, 형상으로 자유롭게 표명하고 유포할 권리가 있고, 일반적으로 접근 가능한 출처로부터 어떠한 제약도 없이 정보를 입수할 수 있다.' 즉 누구든지 모든 것에 대한 정보를 얻을 수 있고 자신의 의사를 공개적으로 표현할 수 있는 것이다.

기본법은 계속해서 이어진다. '언론의 자유와 방송, 필름을 통한 보도의 자유를 보장한다. 검열은 인정되지 않는다.' 검열(평가)이라는 말을 학교에서 이미 배웠을 것이다. '언론' 보도에서 검열의 자유는 불법이 아닌 한 언론인이 말하고 쓰는 것을 아무도 지시해서는 안 된다는 것을 뜻한다.

대한민국은 헌법 제21조에 '모든 국민은 언론, 출판의 자유와 집회, 결사의 자유를 가진다'라고 명시하고 있다.

과거에 언론은 인쇄 매체를 의미했다. 지금은 TV, 라디오 방송국과 온라인 미디어도 포함된다.

언론인은 어떤 규칙을
지켜야 할까?

언론인은 인터뷰하기 전 언론인이라는 신분을 밝혀야 하고 진실 보도에 대한 의무감을 가진다. 언론인에게 가장 중요한 규칙은 1973년 독일 언론인들이 언론인 규범집에 스스로 부과했다.

규범집(Kodex, 코덱스)이라는 말은 라틴어에서 유래했고 '노트'나 '책'을 뜻한다.

언론인을 위한 언론인 규범집의 16가지 원칙 중 제1 원칙은 다음과 같다. '진실 준수, 인간의 존엄성 보호, 대중을 위한 진실한 보도는 언론의 최우선 사명이다.' 즉 언론인은 절대 거짓말을 해서는 안 되고, 인간의 존엄성이 훼손 않도록 항상 주의해야 한다는 뜻이다. 인간은 장애를 가졌다거나, 피부색, 종교, 국적이 다르다거나 어느 특정 민족이라는 이유로 차별받아서는 안 되기 때문이다.

언론인에게 중요한 또 다른 규칙은 언론인은 조사, 즉 규명하고 검토하고, 무엇을 주장하거나 어떤 주장을 전하는 것뿐만 아니라 그에 대한 증거도 찾아서 제시해야 한다는 것이다. 그리고 기자는 사진, 영상, 그래픽, 글, 녹음을 공개하기 전에 그것이 위조된 것은 아닌지 반드시 확인해야 한다. 그것이 허위 진술이었을 경우, 그 언론인이나 해당 미디어 회사는 이를 공식적으로 정정해야 한다.

언론인 규범집에 명시된 규칙은 가끔 언론인에 의해 '최초가 돼라. 그러나 정확한 게 우선이다!'라는 모토로 요약되는데 정확한 문장은 이런 의미다.

'최초로 그 뉴스를 보도하려고 노력해라. 단 그 뉴스가 맞는지 먼저 확인해라!'

만약 언론인 규범집의 내용을 어겼을 경우 그 사람은 한국의 언론중재위원회에 해당하는 독일 언론위원회로부터 경고를 받게 되고, 경고받은 내용을 반드시 공지해야 한다.

편집실 : 가짜뉴스에 맞설
가장 효율적인 수단?

신문의 핵심은 편집실이다. 편집자는 이곳에서 작업하며, 텍스트를 검토하고 편집하여 신문을 발행한다. 편집자는 라디오나 TV 같은 여러 미디어 영역에서도 종사하고 있다.

일간지를 잎사귀라고 부르기도 한다. 모든 신문이 무언가에 대해 격분하면 '잎사귀 숲에서 바스락거리는 소리가 난다'('대서특필하다'의 은유적 표현)라는 표현을 쓴다.

편집실은 미디어 회사의 규모와 관계가 있다. 개인이 사진과 정보가 담긴 전단지를 매일 작성해 발행할 수는 있다. 그런데 신문의 경우 그런 일은 애당초 불가능하다. 수많은 지면을 기사로 채워야 하고 수많은 내용을 선별해 각색해야 하며 수많은 삽화를 만들어야 하기 때문이다. 그래서 일간지나 주간지의 편집실에는 편집자, 수습기자(실습생), 프리랜서, 수많은 다른 직업 종사자들이 근무한다. 이들 모두 언론인에 해당한다.

지역 신문 편집자는 현장에서 협회나 지역사회 회의에 참석하기도 하고 프리랜서는 축구경기에 대해 보도하기도 하며 특파원은 장관을 만나기도 한다.

그리고 전 세계에서 통신원이 제공한 기사를 편집실로 보내, 거기서 검토하고 비평을 받는다. 이 모든 정보는 신문의 얼개에 맞춰 삽입한다. 예를 들어 스포츠 뉴스는 스포츠 분야에, 정치 뉴스는 정치 분야에 배치하는 식이다. 편집실에서 중요한 것은 이곳에는 여러 편집자가 함께 일하고 있다는 점이다. 이를 통해 서로 협력하기도 하고 서로 통제하기도 한다. 예를 들자면 가짜뉴스의 경우 팀보다는 혼자서 더 빨리 만들어낼 수 있다. 신문의 생존과 관련해 기사의 정확성에 대한 독자의 신뢰가 제일 중요하다.

뉴스 잡지 슈피겔은 발행하기 전 가짜뉴스를 확인하는 일만 맡은 문서 기록 관련 직원을 70명이나 고용하고 있다. 그런데 소규모 지역신문사의 경우 상황은 약간 다르다. 여기에는 해당 분야 지역 편집실을 두고, 갈수록 높아지는 업무량 때문에 실수에 노출될 수밖에 없는 소수의 편집자가 근무하고 있다.

정치나 스포츠 같은 편집분과는 매일같이 여러 회의를 거치며 도시의 주요 편집실에서 상호 조율하고 협력한다. 가끔은 사진 편집자와 해당 사진에 대해 협의를 보는 사진회의가 열리기도 한다. 여기서도 사진의 진실성 여부가 아주 중요한 부분을 차지한다. 그리고 편집자와 광고부서, 제작팀, 즉 초판 텍스트 부서와 인쇄부서 간에 협조가 원활하게 이루어지도록 뒤에서 모두 조종하는 근무책임자가 있다.

마지막으로 신문 내용에 책임을 지는 편집장과 주필 및 그의 대리인이 기사를 읽고 승인한다. 주필도 가끔 사회, 정치적으로 중요한 문제에 포괄적인 논평을 내기도 한다. 때로는 발행인이 편집실의 작업에 영향을 끼치기도 한다. 그는 신문을 발행하고, 이에 드는 모든 비용과 리스크를 떠맡고 있기 때문이다. 만일 신문기사가 신문사의 철학과 일치하지 않으면 발행인은 이의를 제기할 수 있고 발행을 중지시킬 수도 있다.

'신문의 방향'은 신문이나 잡지가 우파든 좌파든 어떤 정치적 방향을 가지고 있다는 것을 뜻한다. 즉 신문은 이따금 특정 정당과 유사한 의견을 표명하고 해당 정치적 주제와 관련해 논평을 낼 수 있는 것이다.

분명한 건 이러한 신문사의 조직으로 인해 가짜뉴스가 몰래 신문에 실릴 가능성을 줄일 수 있다는 점이다.

블로그는 누구나 할 수 있다. : 주의해야 할 점은 무엇일까?

인터넷이 널리 쓰이면서 새로운 종류의 언론인이 탄생했다. 바로 블로거다. 블로거는 자신을 언론인이라고 하지는 않지만 둘의 기능은 비슷하다.

블로거도 무엇보다 언론법, 즉 언론인에게 적용되는 규칙을 지켜야 한다. 일반적으로 블로거는 우리처럼 인터넷으로 정보 공유를 원하는 인터넷 사용자를 말한다. 이들의 주요 관심사는 스포츠, 미용 제품, 도서, 정치, 게임처럼 특수 주제다. 독일에서 활동하고 있는 블로거만 30만 명 정도 되는 것으로 추산한다.

수많은 언론인과 달리 블로거들은 신문사나 미디어 회사

에서 교육을 받지 않았다. 그들은 블로그 작업을 하면서 누구에게나 표현의 자유가 있다는 독일 기본법 제 5조를 주장한다. 대한민국은 헌법 제 21조에 규정을 두고 있다.

그러나 표현의 자유에도 한계가 있는 법이다. 한국도 마찬가지다. 가령 다른 사람을 모욕하거나 헐뜯거나 비방해서는 안 된다. 처벌을 받을 수도 있기 때문이다.

언론법에 따라 블로거는 신중하게 자료를 검색할 필요가 있다. 그렇게 하려면 블로거들은 각각의 주제를 자세히 다루고 논쟁의 찬성과 반대의 측면을 모두 제시하는 게 좋다. 모든 게시물은 해당 법률을 준수해야 한다. 이를 어길 때 혹독한 처벌을 받을 수도 있다.

예를 들어 유튜브나 인스타그램의 뷰티나 패션 블로거는 비용이 많이 들기에 그들이 사진을 찍고 언급하는 제품과 밀접한 관련이 있을 수 있다. 제품을 홍보할 때는 항상 명확하게 광고라는 표시를 해야 한다. 그래서 어떤 인플루언서는 콘텐츠에 등장하는 제품이 '광고'라는 점을 밝혀 두기도 한다.

블로그 초보자들이 흔히 간과하는 게 있다. 그들 스스로가 수많은 웹사이트와 연결돼 있다는 점 말이다. 그래서 무리한 업로드는 역효과를 낼 수 있다. 경우에 따라 링크된 사이트 내용에 책임을 지거나 벌금을 부과받을 수도 있다.

말, 스포츠, 게임, 미용을 다루거나 자기를 소개하는 블로거들 외에도 정치를 다루는 소수의 블로거도 있다. 특히 베

를린에 거주하는 사랴 로보(Sascha Lobo)가 유명한데 그는 슈
피겔 온라인에서 칼럼을 쓴다. 사샤 로보는 독일 언론법을
따르며 작업을 진행한다. 그래서 그의 사이트에서는 상세하
게 기록한 색인을 찾아볼 수 있다.

영상과 사진은
어떻게 다뤄야 할까?

블로그(Blog)라는 글자는 (네트워크 용어로서의) 웹(Web)의 마지막 철자와 로그(Log)를 합친 단어다. 로그는 선원의 항해일지(Logbook)에서 유래했다. 블로그는 일종의 '월드 와이드 웹(World Wide Web)'용 일기와 같다고 볼 수 있다.

예를 들면 저자는 작가, 음악가, 사진작가, 영화제작자 같은 사람들이다. 그들의 작품은 저작권이 적용된다.

원칙상으로는 블로거는 자기가 만들지 않은 영상, 사진, 그래픽, 음원을 사용하려면 저작권을 해당 저자나 회사에 문의해야 한다. 이 자료에도 저작권이 적용된다. 이 말은 저자의 허락 없이 다른 곳에 게시하면 안 된다는 뜻이다.

블로거 본인이 직접 사진을 찍었다 해도 사진에 등장한 인물들이 사진 공개에 동의하는지 확인해야 한다. 물론 시위, 정당 모임, 대규모 군중 사진처럼 몇 가지 예외가 있다. 하지만 소수라 할지라도 몇몇이 사진 촬영을 원하지 않을 때는 문제가 발생할 수도 있다. 특히 부모의 동의 없이 아이들을 촬영해서는 절대 안 된다.

특수한 상황에서는 저자의 사전 동의 없이 텍스트를 인용해도 된다. 가령 자기의 생각을 입증하는 데 도움이 될 때 인용문은 되도록 짧게, 시작과 끝은 명확하게 표시하면 된다. 그런 다음 인용의 출처, 즉 그 인용한 문구는 누구의 글이고, 어디에 게시된 글인지를 꼭 표시해야 한다.

제5장

데이터와 뉴미디어의 힘

뉴미디어, 새로운 회사 :
신경제란 무엇일까?

세계에서 누가 돈을 많이 벌까? 바로 사우디 아라비아의 석유 재벌들이다. 그런데 인터넷이 널리 보급되면서 새롭고도 귀중한 천연자원이 생겼는데, 그것은 바로 정보다. 미디어 기업과 데이터 분석 회사들은 정보 장사로 수익을 낸다.

인터넷 서핑이나 채팅을 하고 인스타그램에 접속하면 우리와 관련한 데이터들은 계속 쌓인다. 페이스북이나 구글 같은 회사는 어느 특정 제품을 광고하려고 바로 이 데이터를 이용한다.

30년 전만 해도 미디어 회사들이 많은 돈을 벌고 또 이를 통해 영향력을 점점 확대할 거라곤 아무도 예상하지 못했다. '구경제(Old Economy)', 즉 옛 경제의 기업들이 자동차, 의류, 무기를 생산했다면 신경제(New Economy) 기업들은 데이터를 제공한다. 그리고 이는 무게가 전혀 나가지 않는다. 구글과 페이스북은 아주 많은 사람에게 자동차를 배로 운송할 필요는 없지만, 제품은 클릭 한 번으로 그들에게 보낼 수 있다. 신경제 기업에 중요한 것은 저렴한 가격으로 데이터에 접속하고 비싼 가격에 그 데이터를 판매하는 것이다. 왓츠앱과 인스타그램의 이용약관에 동의하는 사람은 말하자면 이러한 서비스에 자신의 데이터를 보내는 셈이 된다. 그 어떤 천연자원도 이보다 더 저렴하게 사들일 수는 없을 것이다.

미국 샌프란시스코 근방에 있는 실리콘밸리에는 애플, 아마존, 인텔, 아도베 시스템, 페이스북 등 많은 신경제 회사가 상주하고 있다.

회사는 우리의 데이터로 무엇을 할까?

인터넷에서 무엇을 하든 상관없이 데이터는 쌓여만 간다. 그 데이터는 제품 구매나 채팅, 페이스북에서 공유한 링크, 구글로 검색한 내용, 인스타그램에 올리는 사진의 주제와 관계가 있다. 그런데 이렇게 축적된 데이터는 위험하지 않을까?

인터넷에서 하는 모든 활동은 연쇄반응을 일으킨다. 우선 첫 번째로 소셜미디어 기업들과 판매플랫폼, 검색엔진이 사용자의 행동 패턴에서 데이터를 수신한다. 가령 인스타그램에 강아지 사진을 올리면 그 이용자는 아마도 개를 좋아한다고 추측하는 식이다. 물론 이용자가 반려견과 함께 살고 있을 수도 있다. 분석가(연쇄반응의 제2열)는 이용자의 데이터에 접속해 그 데이터를 좀 더 정확하게 찾아내려 한다. 반려견의 사료를 온라인으로 구매할 수도 있고 아니면 반려 동물 매장에서 체크카드로 구매했을 수도 있고 구매할 때마 다 기록되는 포인트 카드를 소지하고 있을 수도 있기 때문 이다. 우리가 인터넷에서 활동하거나 '구매'하는 것은 '데이 터 분석가'에게 중요한 자료가 된다. 그렇게 입수한 데이터 는 이용자가 활동적인 체질인지 집에 틀어박혀 있는 체질인 지 상관없이 데이터 분석가에게 이용자 개개인에 관한 많은 정보를 알려준다.

데이터 분석가들은 계속해서 데이터를 수집한다. 그들은 이용자의 기호와 취향을 축적하고, 가령 선거 유권자인 이 용자에 관한 데이터가 무엇을 나타내는지도 고려한다. 그리 고 그들은 이용자를 겨냥해 특정 정당의 후보자에게 관심을 가지는 방법도 고민한다.

마지막으로 그들은 페이스북이나 여러 사이트를 이용해 이용자가 자주 듣고 보길 원하는 정보를 정확하게 전해준 다. 전문용어로 이러한 방법을 '마이크로 타깃팅(Micro Targeting)'이라고 부른다. 마이크로 타깃, 즉 이용자 개개인은 곧 바로 무언가를 추천받게 된다.

> 뉴욕의 캠브리지 애 널리티카(Cambridge Analytica) 회사에 소 속된 경우처럼, 데이 터 분석가는 인터넷 에서 하는 활동을 통 해 이용자가 무엇을 좋아하고 싫어하는지 를 알게 된다.

> 인터넷에서 하는 쇼 핑은 이용자가 어떻 게 생활하는지에 대 해 알려 주는 표시다. 고급 브랜드의 잔디 깎는 기계를 구매하 는 사람은 아마도 정 원이 딸린 저택을 소 유한 부자일 것이라 는 식이다.

인스타그램과 왓츠앱은
왜 그렇게 강력할까?

　　자전거를 구매하고 싶으면 여러 판매처에 문의하면 된다. 그리고 여러 종류의 자전거 브랜드에서 고르면 된다. 이처럼 판매처와 브랜드는 서로 경쟁 관계에 있다. 그러나 인터넷에서는 그렇지가 않다. 적어도 소셜 네트워크와 관련해서는 말이다.

　페이스북 주식회사는 소셜 네트워크 페이스북과 인스타그램, 왓츠앱을 거느리고 있는 미국 회사다. 페이스북은 사실상 경쟁 상대가 없는 세상에서 가장 인기 있는 소셜 네트워크다. 이 회사는 마크 저커버그가 설립했다. 2003년 하버드 대학교 심리학 및 컴퓨터공학과 학생이던 그는 웹사이트

www.facemash.com를 개발했다. 이 사이트에서 학생들은 여성들의 외모를 공개적으로 평가했다. 저커버그는 여성들의 사진을 허락도 받지 않은 채 무단으로 인터넷에 올렸다. 여성들과 대학교의 항의로 이 사이트는 폐쇄됐다.

2004년 저커버그는 소셜 네트워크 페이스북을 개발해 2012년 페이스북 주식회사라는 회사명으로 상장시켰다. 그 후 주가는 상승했고 페이스북은 전 세계 20억 명이 넘는 이용자들을 보유하였다. 이 말은 세 명 중 한 명가량은 최소한 달에 한 번은 페이스북을 이용한다는 뜻이다. 이를 통해 엄청난 양의 데이터가 축적된다.

또한, 페이스북은 다른 이용자들의 데이터를 왓츠앱과 인스타그램을 통해서도 받고 있다. 이렇게 쌓는 데이터로 페이스북은 자사 고객에 대해서 굉장히 잘 알게 된다. 이러한 문제에 이용자들이 잘 대처할 수 있는 사람이 있을까? 이용자들은 그저 왓츠앱 대신에 쓰리마 같은 다른 서비스를 이용할 수 있을 뿐이다. 그럼에도 이용자들은 대개 이를 시도조차 하지 않는다. 인스타그램이나 왓츠앱에 등을 돌리기는 어렵다. 이유는 간단하다. 친구들도 그 서비스를 이용하고 있기 때문이다. 수많은 이용자가 '일반 이용약관(AGB)'을 전혀 읽지 않고 확인란에 바로 체크 표시를 하는 것도 그 이유 중 하나가 될 수 있다. 이용자들은 특정 권한을 포기하거나 본인의 '데이터'를 넘겨주더라도 반드시 이용자 커뮤니

티의 일원이 되거나 일원으로 머무르고 싶어 한다. 그들은 순진하게도 회사가 나쁜 짓은 하지 않을 거라고 믿고 있다.

그러나 지난 몇 년 동안 페이스북에서 혐오 표현이 너무 늦게 삭제되거나 데이터 분석회사가 수백만 명의 이용자 프로필을 무단으로 이용했다는 스캔들이 여러 차례 발생했다.

정치가 페이스북에
제동을 걸다

쓰리마, 텔레그램, 시그널 같은 대체 메신저 서비스에 대해 알아보는 게 좋다.

어떤 앱이 어떤 데이터에 접속되는지 확인해보는 게 좋다. 이 정보는 일반 이용약관이나 설정에서 찾아볼 수 있다.

경제 용어 중에 '독점'이라는 말이 있다. '독점'은 사람들이나 고객이 의존하고 있는 특정 상품을 한 공급자만 소유하는 것을 말한다. 예를 들어 자전거를 제공하는 회사가 단한 곳뿐일 때 사람들은 이 자전거가 마음에 들지 않더라도 울며 겨자 먹기로 이곳에서만 구매해야 한다. 소셜 네트워크와 관련지어 볼 때 페이스북이 그러한 독점권을 쥐고 있다. 그러니까 다른 사람들과 온라인으로 네트워크를 형성하고 싶으면 꼭 이 서비스를 강제로 이용해야만 한다. 데이터 보호에 대한 취약점을 알고 있다 해도 어쩔 수 없다. 2016년 미국 대통령 선거 이후 여러 국가가 페이스북에 영향력을 더 강하게 발휘하려고 시도했다. 왜냐하면, 선거가 끝나고 난 뒤 페이스북이 뉴욕의 회사 케임브리지 애널리티카가 불법으로 수집한 페이스북의 수많은 이용자 데이터에 보호 조치를 취하지 않았다는 사실이 밝혀졌기 때문이다. 당시 케임브리지 애널리티카는 이 데이터를 이용해 의도적으로 정당과 정치인을 광고하면서 선거 결과에 중대한 영향을 끼쳤다. 엄청난 비난이 쏟아진 후 페이스북 설립자인 저커버그는 앞으로 고객의 데이터 접속을 더 철저하게 보호하겠다고 약속했고 유럽은 2018년에 기존보다 더 엄격한 데이터 보호법을 도입했다.

미디어 세계에서
스파이는 누굴까?

거의 모든 스마트폰에는 감춰진 앱이 있다. 그
것은 숨어 있는 악성 프로그램이다. 컴퓨터 바이
러스는 말할 것도 없다. 그것은 디지털 미디어 세
계의 구더기다. 그런데 그것은 어떤 종류의 프
로그램일까? 도대체 이용자에게서 원하는 게 뭘
까?

악성 프로그램은 우리의 행동 패턴에 관한 정보를 찾아
내 삶에 문제를 일으키거나, 우리가 가지고 있는 기기로 다
른 사람들에게 악성 소프트웨어를 널리 퍼뜨리려고 한다.
어디에서나 악성 프로그램에 관한 이야기가 있다. 이것은
스마트폰이나 컴퓨터, 노트북을 악성 소프트웨어로 감염시

킬 수 있다. 악성 프로그램에는 다음과 같이 여러 종류가 있다.

'바이러스'는 마치 사람의 몸에 질병을 유발하는 진짜 바이러스처럼 스스로 몇 배로 증식해 파일이나 운영체계, 프로그램에 퍼질 수 있기에 굉장히 심각하다. 심지어는 컴퓨터가 바이러스에 걸렸다는 것을 알려 주는 알림 자체가 바이러스일 때도 있다. '스케어웨어(scareware)'는 바이러스를 두려워하는 사람들의 심리를 이용해 바이러스 백신 프로그램을 다운로드하게 유도한다. 그런데 알고 보면 이게 진짜 악성 프로그램인 것이다.

'로그웨어(Rogueware)'는 악성 프로그램을 제거하는 척한다. 그리고 우리가 그것을 실제로 제거하려는 바로 그 순간에 악성 프로그램을 다운로드한다.

'컴퓨터웜(computer worm)'은 인터넷을 통해 그때그때 네트워크에 접속된 개별 컴퓨터로 퍼져나간다.

'트로이의 목마'는 겉으로는 이로워 보이지만 속에는 바이러스를 숨기고 있는 프로그램이다.

'스파이웨어(Spyware)'는 스마트폰과 컴퓨터에서 자주 발견된다. 이것은 우리의 행동 패턴이나 개인 정보를 찾아내는 데 이용된다. 예를 들면 기업은 이 데이터들을 이용해 특정한 목적을 지닌 광고를 만들 수 있다. 대개 스파이웨어는 유용한 프로그램이나 다운로드한 게임에 숨어 있다.

'랜섬웨어(Ransomware)'를 이용해 갈취범들은 운영체계를 비트코인은 인터넷에서 사용할 수 있는 가상화폐다. 진짜 돈을 위해 미리 비트코인을 사들여야 한다.

암호화해 버리고 돈을 내면 다시 암호를 풀어준다. 예를 들어 카드 열쇠를 이용하는 호텔에서, 갈취범은 문의 접속 코드를 암호화해 손님이 방에 들어갈 수 없게 하거나 반대로 아예 모든 문을 개방해 버린다. 그리고 호텔 소유주로부터 돈을 강탈하고 난 후 운영체계 잠금을 다시 해제하는 것이다. 돈은 비트코인으로 지불될 때도 있다고 한다.

이 악성 프로그램 외에도 불법으로 우리의 데이터에 접속하는 경우도 있다. 예를 들어 우리의 비밀번호가 '피싱(Phishing)'을 통해 감시되는 것이다. 이를 위해 '해커'는 우리가 알고 있는 사이트를 모방한다. 그것은 은행 사이트나 쇼핑 사이트가 될 수도 있다. 우리가 이 위조된 사이트에 접속해 비밀번호를 입력하면 해커는 이를 가로채 우리의 계좌를 몽땅 털어 갈 수도 있다.

트로이인(실제로는 트로이 목마)이라는 단어는 그리스 신화에서 유래했다. 트로이 공격자들은 트로이인에게 목마를 선물했다. 트로이인들이 이 목마를 도시로 끌고 왔을 때 군사들이 목마에서 뛰어나와 도시를 점령했다.

일급비밀 : 비밀번호는 어떻게 만들어야 할까?

비밀번호에 관한 문제점은 항상 동일하다. 기억을 잘할 수 있는 번호를 사용하면 쉽게 풀 수 있고, 번호를 복잡하게 만든다면 금방 잊어버리기 쉽다. 하지만 이러한 딜레마에 대한 해결책도 있다.

비밀번호를 자주 변경하고, 여러 사이트에 같은 번호는 사용하지 않아야 한다. 그리고 사이트에서 발급받은 임시 비밀번호는 잊지 말고 바꿔야 한다.

비밀번호는 대문자와 소문자, 숫자와 특수문자를 포함해 최소한 12자 이상으로 만드는 게 좋다. 중복된 숫자와 철자, 문자는 피해야 한다.

2018년 사람들이 가장 많이 쓰는 비밀번호는 '123456'으로 8년째 부동의 1위를 차지했다.

본인, 부모님, 친구, 형제, 반려동물의 이름을 비밀번호로 만드는 것은 금기 사항이다. 그리고 전화번호나 생년월일도 쓰면 안 된다.

포트나이트(Fortnite, 서바이벌 슈팅 게임), 007 제임스 본드처럼 널리 쓰이는 단어나 이름, 용어도 비밀번호로 선택하지 않는 게 좋다.

무엇보다도 컴퓨터나 스마트폰에 비밀번호를 저장해서는 안 된다. 자필로 기록해 두었다면 꼭 안전한 곳에 숨겨야 한다. 절대 다른 사람들에게 비밀번호를 건네줘서는 안 된다. 우정이 깨질 수도 있다. 비밀번호를 바꾸기 전에 친구가 이미 계정을 못 쓰게 해놨을 수도 있다.

비밀번호를 직접 만들기도 기억하기도 귀찮다면 인터넷에서 비밀번호 생성기를 이용하면 된다. 온라인으로도 사용할 수 있는 비밀번호 관리자가 도움이 된다. 민감한 데이터를 하드디스크에 암호화해 저장하고 마스터 비밀번호를 만들어낸 다음 다른 비밀번호에 접속하면 된다. 만약 지금 진행하고 있다면 이 테스트는 어떤 관리자가 권장되는지에 대한 정보를 제공할 것이다.

제6장

스마트폰의 세계에 오신 걸 환영합니다!

구글 검색을 어떻게
더 효과적으로 할 수 있을까?

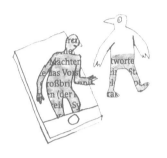

인터넷 검색을 하는 사람은 대부분 구글을 이용한다. 물론 구글 검색은 그렇게 어려운 것이 아니다. 그저 검색 창에 어떤 내용을 입력하기만 하면 여러 인터넷 사이트로 접속할 수 있는 링크를 쉽게 얻을 수 있다. 그러나 찾으려는 주제와 전혀 관련이 없는 사이트가 나타나기도 한다.

이런 문제가 자주 일어나면 다음의 팁을 잘 염두에 두는 게 좋다. 일단 검색 범위를 좁혀야 한다. 그럴 때 구글의 검색 연산기호가 도움이 될 것이다.

and: 검색 창에 꿀벌 and 꿀을 입력하면 구글은 이 두 단어가 표시되는 사이트만 보여줄 것이다.

or: 단어 사이에 or을 입력하면 검색엔진은 두 단어 중 각각 하나씩만 표시된 모든 사이트를 검색할 것이다.

-: 마이너스 부호는 어떤 단어가 제외되게 해 준다. 예를 들어 꿀은 제외하고 꿀벌에 관한 사이트만 찾으려고 할 때 꿀벌-꿀을 검색어로 입력하면 된다.

" ": 노래를 검색할 때 후렴구나 가사의 일부만 알고 있다면 가사를 따옴표 안에 넣으면 된다. 그러면 구글이 그 단어의 순서로 정확하게 찾아준다.

define: 외국어든 어떤 단어든 그 의미를 알고 싶을 때 검색할 단어 앞에 define:을 입력하면 된다. 그러면 구글이 사전이나 백과사전에서 그 뜻을 찾아준다.

site: 가령 아마존처럼 어느 특정 사이트의 검색결과만 얻고 싶을 때 이 연산부호를 이용해 검색 범위를 좁히면 된다. 가령 site:amazon.de처럼 말이다(그런 다음 검색어 입력). site:를 이용해 특정 국가표시로 검색 범위를 좁힐 수 있다. 예를 들어 독일의 경우 site:de이고 한국의 경우는 site:kr이다

*: 어떤 명언이나 제목을 찾으려고 하지만 극히 일부만 기억날 때 별표를 가주어로 이용하면 된다. 예를 들어 해리*돌*을 검색하면 '해리포터와 마법사의 돌'의 링크들이 검색된다.

filetype: 이 검색 연산기호를 이용하면 PDF 문서나 MP3 형식의 노래처럼 특정 파일 종류를 찾을 수 있다. 찾으려는 검색어 앞에 filetype:을 입력하면 된다. 가령 filetype:pdf 또

는 filetype:mp3라고 말이다.

검색 연산기호 외에 사진, 뉴스, 지도(카드), 영상, 쇼핑 팁, 도서, 기타, 다른 정보들을 검색하는데 구글필터(Google Filter)도 도움을 준다. 이 필터는 검색 창 아래쪽에 있다. 그리고 도구 탭도 유용하다. 도구 탭을 이용하면 예를 들어 지난 24시간이나 지난주, 공간적으로는 특정 국가나 특정 언어를 선택하는 식으로 여러 가지 방법으로 검색 범위를 좁힐 수 있다. 설정 탭에서 구글 검색의 기본 기능을 편집할 수도 있다.

인터넷에서 사진이나 사진의 내용에 대해 알고 싶을 때 구글 필터 사진을 선택하면 된다. 검색 창 오른쪽의 카메라 아이콘을 클릭하면 된다. 그러면 두 가지 방법으로 이용할 수 있다. 사진을 컴퓨터에서 검색 창으로 업로드하거나 사진의 URL을 검색 창에 끌어서 붙여넣기할 수 있다. 그러면 구글은 이와 유사한 사진을 인터넷에서 찾아서, 가령 사진 속 사람과 일치하는 인물이 나타나면 그의 이름을 표시해주거나, 그 사진이 원래 어느 사이트에 있었는지를 보여준다.

정보의 홍수 속에서 우리는 어떻게 대처해 나가야 할까?

독일에서 한국으로 가는 것은 지구를 반 바퀴 여행하는 것이나 다름없다. 유럽과 미국 사이에는 대서양이 있다. 그런데 데이터는 한 지역에서 다른 지역으로 더 빠르게 흐르기 때문에, 인터넷이 세상을 더 가깝게 만들었다고 할 수 있다.

편지와 전화는 비싸고 느리다. 싱가포르에서 리우데자네이루로 편지를 보내면 수일이 걸리고, 그저 케이크를 요리하는 법을 알려 주기 위해 간단한 통화를 한다 해도 아르헨티나에서 프랑스로 전화 걸 때 드는 비용은 그렇게 저렴하지 않다. 그런데 왓츠앱이나 이메일을 이용하면 모든 과정이 더 간편해지고 비용도 덜 든다. 그뿐만 아니라 사진과 동영상도 곧바로 보낼 수 있다.

　밀레니엄 직전, 인터넷이 더 많은 사람에게 다가갔을 때 '지구촌(global village)'이라는 표현이 자주 쓰였다. 이는 미디어 전문가 마샬 맥루한(1911~1980)이 창안해 낸 표현이다. 그는 1962년에 '전자 네트워킹의 시대'에 대해 이야기했다.

　이 '전자 네트워킹의 시대'에서 주안점을 두는 것은 인터넷의 확산과 점점 많은 사람이 능숙하게 구사하는 세계 공용어 영어였다. 그리고 특히 세계인구는 1995년 57억 명에서 2018년 75억 명으로 폭발적으로 증가했다(2020년 기준 세계인구는 78억 명에 육박한다). 오늘날 더 많은 사람이 서로 의사소통을 하고 거래도 하길 원한다. 이처럼 세계는 정보가 빛의 속도로 퍼져나가고 제품이 대륙을 가로질러 이리저리 운송될 수 있다는 의미에서 '지구촌'이 된 것이다.

그런데 지구촌 시대에 정보는 어떨까?

더 빨라진 인터넷 접속, TV와 라디오 방송국의 유용성, 스마트폰과 PC, 신문 및 잡지, 트위터, 페이스북, 기타, 다른 모든 소셜미디어의 출현은 본격적으로 우리를 정보의 홍수 시대로 이끌었다. 우리는 세계 어딘가에서 어떤 일이 일어날 때 언제나 그에 대한 정보를 얻을 수 있고 또 그것을 보고 듣고 알 수도 있다. 아무런 영향도 끼칠 수 없는 그 사건 현장 근처에 우리가 머물러있는 것처럼 느껴지기도 한다. 우리와 직접 맞닿아 있는 주변 환경에서는 미디어에서 보이는 놀라운 일들이 대개 발생하지 않기 때문이다. 미래학자 앨빈 토플러(1928~2016)는 이미 1970년에 '정보의 홍수'에 대해 이야기한 바 있다. 정보의 홍수는 인간이 어느 주제와 관련한 정보에 둘러싸여 통찰력을 상실한 채, 더는 어떠

한 결정도 내릴 수 없는 상태를 말한다. 우리는 매일같이 쏟아져 나오는 수많은 정보를 더는 간단하게 걸러 낼 수 없다. 다시 말해 중요하지 않은 정보에서 중요한 정보를, 흥미롭지 않은 정보에서 흥미로운 정보를 더는 분리해 낼 수 없다.

과잉 자극은 감각(눈, 귀 등)의 한계를 넘어 더는 소화하지 못할 정도로 굉장히 다양한 자극을 동시에 받을 때 생겨나는 것을 말한다. 빈번한 과잉 자극은 집중력 문제를 일으킨다.

그럼에도, 이러한 과잉 자극으로부터 우리를 보호하는 방법도 있다. 예를 들어 일일 미디어 소비 시간을 제한하는 식으로 말이다. 어떤 정보가 우리 자신, 우리 삶, 우리 생각에 진짜 중요한지를 곰곰이 따져봐야 한다. 렛츠 플레이(Let's Play)를 꼭 10번이나 봐야 하는지, 한 시리즈의 네 편을 그사이에 봐야 하는지, 항상 최신 정보를 얻으려고 늦은 밤까지 그것을 붙들고 있어야 하는지 자문해 봐야 한다. 가끔 마음의 긴장을 풀고 아무것도 하지 않은 채 차분히 독서를 하고 오후 9시에는 스마트폰을 끄는 것도 좋지 않을까?

한 가지 일에 집중하고 싶다면 산만하지 않기 위해서라도 다른 자극을 받지 않도록 노력해야 한다. 숙제할 때는 왓츠앱과 스냅챗의 메시지나 인스타그램의 게시물에 정신이 팔리지 않도록 스마트폰을 꺼둬야 한다.

그리고 소셜미디어에서 이뤄지는 모든 대화에 끼어들지 말아야 한다. 수업 채팅방에서도 친구들의 모든 감정에 대응할 필요는 없다. 한 발짝 떨어져 지켜보는 것도 좋은 방법이다.

미디어 이용계약이란 무엇일까?

하루에 얼마나 스마트폰을 이용하고 TV를 시청하며 게임을 하는지와 관련해 집에서 논쟁이 벌어질 때도 있다. 이런 갈등을 피하고자 계약을 맺는 것도 좋은 방법이다.

하루에(또는 매주, 매월) 어떤 형식의 미디어를 얼마나 사용할지에 대해 상호 합의를 본다고 하자. 양측 모두 이 합의에 찬성한다. 가장 좋은 방법은 이 합의의 내용을 서면으로 기록하는 것이다. 합의하는 것에 대해서 신중하게 생각해야 한다. 다음 항목이 유용할 것이다.

시간: 하루에 영상 미디어를 얼마나 사용해도 되는지 명

확히 해야 한다. 숙제나 식사 시간에는 스마트폰을 하지 않는 게 좋다.

억압: 인터넷으로 누군가가 스토킹하거나 괴롭히는 경우 부모님께 도움을 요청해야 한다. 온라인 게임이나 채팅방, 소셜미디어에서 개인 정보를 주지 않는다.

사진 및 기타: 다른 사람의 허락 없이 사진이나 영상, 녹음파일을 만들거나 공개하지 않는다.

설정: 스마트폰의 설정과 앱을 부모님과 함께 살펴봐야 한다. 데이터를 보호하는 방법도 함께 고민한다. 공공 와이파이를 통해 개인 정보를 절대 보내서는 안 된다. 꼭 필요할 때만 블루투스, 영상통화 프로그램, GPS를 켜는 게 좋다.

온라인 게임: 부모님을 배제하면 안 된다. 부모님도 온라인 게임을 한 번쯤은 봐야 하고, 또 함께 게임을 할 수도 있다. 그 게임이 나이에 적합한지는 부모님이 결정해야 한다.

돈: 게임이나 '인앱 구매'를 할 때 결제는 어떻게 해야 할지, 어떤 폰 요금제가 가장 적합한지처럼 금전상의 범위는 함께 결정해야 한다.

일부 게임 공급자들은 게임 진행 중에 인앱 구매를 통해 유료 프리미엄 기능을 구매할 수 있게 한다. 가령 클래시 오브 클랜(Clash of Clans) 게임을 할 때 업그레이드를 하려면 돈을 내야 한다. 그리고 그만큼 돈을 많이 쓰게 된다.

디지털 디톡스 : 디지털 기기에서 어떻게 '해독' 될 수 있을까?

마크는 허구한 날 스마트폰을 붙들고 있다. 게임과 채팅을 하고 그 후엔 연재물을 본다. 스마트폰은 마크의 영원한 동반자다. 그는 24시간 내내 스마트폰에 접속해 있다. 오랫동안 하면 탈진할 수도 있다. 마크는 스마트폰 없이도 정말 살아갈 수 있긴 한 걸까?

스마트폰에서 더는 벗어나지 못한다면, 숙제에 방해되는 경우가 잦다면, 몇 분 간격으로 들여다보지 않으면 뭔가 중요한 일을 놓치고 있다는 생각이 든다면 스마트폰이 스트레스의 요인이 될 수 있다. 그렇다면 정기적인 스마트폰 단식 시간이 필요하다. 스마트폰도 휴식을 취할 수 있도록 가끔은 비행기모드로 전환해 보길 바란다. 특히, 숙제할 때, 아니면 게임 앱을 멈출 수 없는 경우에 스마트폰 단식에 도움이

스마트폰 사용 습관 중재 앱인 '락앤롤'을 이용하면 실행 중에 전화 수신을 제외한 다른 기능이 차단되어 스마트폰 중독에서 벗어날 수 있게 도와준다.

스마트폰 단식은 의도적으로 스마트폰을 단념하는 것을 말한다.

되는 앱들도 있다.

　이른바 '디지털 디톡스(Digital Detox)'라는 용어는 단순히 스마트폰 단식을 넘어서 다른 미디어 사용도 절제한다는 뜻을 포함한다. 그 목적은 미디어에 덜 사로잡히기 위함이다. 스마트폰, PC, 비디오 게임 중독에서 '해독'되고 싶으면 다음을 따라 해 보는 것도 좋다. 메신저나 다른 기능의 소리 및 푸시 알림음 끄기, 모든 메시지에 곧바로 응답하지 않기, 스마트폰 대신 알람시계 사용하기, 약속은 종이 메모지에 기록하기, 식사 시간에는 스마트폰을 끄거나 비행 모드로 전환하기, 컴퓨터나 비디오 게임, 스마트폰을 사용할 수 없는 방을 가족과 합의해 지정하기, 채팅 대신에 직접 전화하기, 가끔은 집에서도 스마트폰을 일부러 '잊어버리기', 정기적으로 하루, 아니면 주말 내내 완전히 미디어 없이 지내기.

중독성 : 의존은 언제부터 위협적일까?

컴퓨터, 스마트폰, 비디오 게임, 인터넷 등 미디어는 우리를 현혹한다. 그리고 일부 사람들은 게임을 할 때 시간 가는 줄도 모른다. 그런데 그것은 언제부터 문제가 되는 걸까? 언제부터 단순한 여가활동에서 벗어나 중독이 되는 걸까?

사실 이는 일괄적으로 쉽게 대답을 할 수 있는 문제가 아니다. 정상적인 이용과 중독 사이는 경계가 불분명하다. 또한, 주말 내내 컴퓨터 게임을 하는 사람 모두가 중독자인 것도 아니다.

우선, 다음 증상 중 장기간에 걸쳐 하나 이상에 해당할 때 위험하다. 컴퓨터나 비디오 게임, 스마트폰 주변을 계속 맴돌고 엄청나게 노력을 해야만 기기의 화면에서 벗어날 수 있을 때. 게임, 채팅, 인터넷 서핑을 통제할 힘을 상실했을 때. 밤마다 그칠 줄 모르고 계속할 때. 미디어로 보내는 시간이 한없이 늘어나고, 그것을 그만두거나 제한할 시간을 정하는 게 어려울 때. 숙제처럼 일상에서 의무적으로 해야 할 일을 소홀히 할 때. 컴퓨터나 스마트폰, 인터넷을 그만하자마자 짜증 나고 불안해질 때. 친구나 가족과의 관계가 점점 소원해지고 접촉이 꺼려질 때. 예전의 관심사와 취미 거리에 마음이 가지 않고 학교 성적도 떨어질 때. 채팅이나 게임을 하는 시간이 아까워 식사도 일절 하지 않을 때. 집중적인 미디어 사용으로 가령 피로도가 급감하거나 급증하는 식으로 신체적으로 이상 현상이 나타날 때. 일상과 개인의 건강에 부정적인 영향을 미치는데도 쉽게 기기를 놓지 못할 때. '실제' 생활에서 일어난 실망과 실패, 문제를 가상 세계로 잊으려고 애쓸 때.

미디어에 중독되었으면
어떻게 해야 할까?

　미디어 중독이 의심되는 친구가 있다면 그에게 사실을 알려 주고, 중립적인 자세로 비난 말고, 걱정된다며 솔직히 말해줘야 한다. 이는 친구가 중독을 벗어날 첫 번째 자극이 될 수 있다. 스스로 중독 여부를 명확하게 알고 싶으면 익명으로 진행하는 자가 테스트를 해도 된다. 한국에는 '스마트쉼센터: www.iapc.or.kr'가 있다. 중독이 의심되면 반드시 도움을 요청해야 한다. 이것은 위험한 질병이기 때문이다. 친구나 부모님에게 속마음을 털어놓기가 꺼려진다면 '괴로움에 맞서는 전화로 무료로 도움을 받을 수 있다. 한국에서는 '청소년미디어중독예방센터(www.misocenter.or.kr')를 이용하면 좋다.

　중독과 싸울 때 중요한 것은 그 관련자에게 부담을 주거나 그의 탓으로 돌리지 않는 것이다. 중독에는 여러 원인이 있기 때문이다. 걱정, 외로움, 열등감 같은 개인적인 문제가 원인이 되기도 한다. 관련자들을 도와주기 위해서는 이러한 문제에 대한 이해가 필요하다. 친구와 가족이 그에게 예전의 취미 거리와 단체 활동을 할 때 느끼는 즐거움을 다시 경험하게 해주거나, 그의 미디어 소비에 균형추를 만들어 주려고 노력하는 게 좋다. 물론 전문가의 도움을 받지 않은 채 중독과 싸우는 것은 어려운 일이다. 다행히도 청소년들을 위한 상담 기관은 여러 군데 있다.

알고리즘이란 무엇일까?

유튜브는 청소년들이 가장 많이 이용하는 온라인 포털이다. 유튜브는 이용자가 최대한 오래 이 플랫폼에 머물게 하려고 이용자의 모든 클릭을 자동 기록해 관심 있어 할 동영상을 추천한다. 그런데 유튜브는 그것을 어떻게 할 수 있을까?

이는 유튜브 포털을 작동하는 컴퓨터가 프로그래밍하는 방법과 관련이 있다. 프로그래밍은 수학적 알고리즘을 기반으로 한다. 알고리즘은 단계적 지침(가령 종이비행기 접기 지침)과 비슷하다. 만약 지침을 단계별로 따른다면 마지막에 이르러 원하던 결과, 즉 멋진 종이비행기를 얻을 수 있다. 마찬가지로 컴퓨터도 어떤 기능을 수행하려면 이러한 지침이

알고리즘이라는 단어는 아라비아 수학자 무함마드 이븐 무사 알콰리즈미(Muhammad IbnMūsā al-Hwārizmī, 780~840)의 이름에서 따왔다. 그는 바그다드에서 살았고 '현자의 집'에서 연구했다.

필요하다.

유튜브 및 다양한 검색엔진의 알고리즘은 다음과 같이 작동한다. 알고리즘은 이용자의 모든 클릭을 축적하고 기억해 이용자가 특별히 애호하거나 관심 있어 하는 정보를 인식한다. 그런 다음 이용자의 성향에 맞는 특정 동영상이나 상품, 친구추천을 필터링해 이를 보여준다. 당연히 독자들도 어떤 주제에 관심을 가지거나 물건을 구입할 때 관련 광고를 화면상에서 본다는 것을 이미 알고 있을 것이다. 알고리즘이 우리가 선호하지 않는 콘텐츠는 걸러낸다.

이렇게 자동 완성된 추천만 안내를 받는다면 우리는 곧 정보 제공자가 이용자 성향에 맞는 걸러낸 정보만 보고 이는 곧 편향된 정보의 '거품'만 소비하는 현상인 '필터버블(filter bubble)에 갇히게 되는 것이다. 그렇게 되면 관심을 기울일 수 있는 많은 것과 진짜 좋은 사람과 친구 맺기를 놓칠 수 있는 상황이 일어난다. 필터버블에서 벗어나는 방법을 다음 페이지에서 확인해 보자!

필터버블이란 무엇일까?

우리는 자유롭게 정보를 수집하려고 한다. 인 터넷은 우리에게 이를 위한 모든 기회를 주는 것 처럼 보인다. 그런데 실은 그렇게 단순한 문제가 아니다. 검색엔진과 소셜미디어는 우리가 무엇을 선호하는지를 알고, 꾸준히 그것을 제공해 주기 때문이다.

필터버블의 주안점은 바로 이용자의 클릭을 살펴보는 것 이다. 검색엔진, 온라인 거래, 소셜미디어는 이용자의 모든 클릭을 축적해 결론을 도출해낸다.

예를 들어 보자. 한 이용자가 롱보드를 사고 싶어 한다. 그는 인터넷에서 롱보드를 검색하고 유튜브에서 관련 영상을 찾아본다. 그러고는 왓츠앱에서 친구들과 여러 종류의 보드에 관해 대화를 나눈다. 그 플랫폼은 이를 기억해 이제부터는 그 이용자를 위한 추천 정보를 필터링한다. 그다음 이용자는 신발을 검색한다. 아마도 롱보더들에게 인기가 있는 어느 브랜드의 광고를 화면상에서 보게 될 것이다. 유튜브에서는 롱보더에 관한 영상이 뜬다. 그러다 갑자기 그 이용자의 미디어 세계는 롱보드 타기로 꽉 차게 된다.

인터넷 운동가 일라이 파리저는 이러한 현상에 대해 '필터버블'이라는 용어를 붙였다. 그는 페이스북에서 X정당을 지지하는 친구와 Y정당을 지지하는 친구가 있었다. 그는 Y정당의 게시물을 클릭했다. 그러자 X정당을 지지하는 친구의 게시물은 거의 받지 못하게 됐다. 오랫동안 그는 Y정당의 입장만 접하게 됐다. 그는 필터버블에 둘러싸여 Y정당을 지지하는 친구처럼 세상을 바라본다고 느꼈다.

이러한 필터버블에 사로잡힌 사람은 어떤 대상을 하나의 관점에서만 바라보기에 객관적인 시각을 잃을 수도 있다. 이는 특히, 논쟁을 할 때 문제가 된다. 상대방의 견해에 대해 이해심을 함양하지 못한 사람은 타협점을 찾기가 힘들다.

메아리방에서
무엇을 듣고 있는가?

우리는 가짜 뉴스에 빠질 수 있다. 때로는 우리가 우리 자신을 속이기도 한다. 우리가 매일 이용하는 인스타그램, 스냅챗, 페이스북, 왓츠앱, 기타 소셜미디어가 그것을 거들기도 한다. 어떻게 그럴 수 있을까?

생각과 취미가 통한다고 생각하는 사람들만 소셜미디어에서 팔로우한다면 스스로 만든 함정에 빠질 수 있다. 또 내의견을 공유하는 친구들만 계정을 허용해서 그렇게 되기도한다. 그러면 사람들은 내가 좋다고 생각하는 것에 '좋아요'를 누르고, 내 마음에 드는 사진만 보낸다. 그리고 나는 그들이 좋아하는 것에 '좋아요'를 누른다. 나는 게시물과 사진을 공유하고, 모든 사람이 내 의견에 동의하기 때문에 편안함이 느껴지는 나만의 자그마한 '메아리방(echo chamber, '반향실'이라고도 번역한다)'에서 살게 된다.

에코(메아리)라는 단어는 뜻이 좋다. 디지털 숲속에 게시물을 올리면 내가 기다리던 에코가 바로 되돌아오기 때문이다. '말괄량이 삐삐'처럼 말하자면 '나는 세상을 내가 좋아하는 대로 만들 거야!'라는 뜻이다. 문제는 내 생각만 끊임없이 반영되는 것은 스스로 아무런 도움이 되지 않는다. 편협함과 자기중심적 성향만 촉진할 뿐이다. 스마트폰이 널리 보급된 후부터 언제 어디서나 확인 알림을 받는 메아리방 문제는 계속 커지고 있다.

전체적으로 보면 필터버블과 메아리방은 내가 내 생각과 의견이 형성되는 개인의 정보 세계와도 같다.

그러면 자유의지는 어디에 있을까? 미디어가 날마다 먹기 좋게 손질해서 식탁에 내놓는 것에 너무 길들지 않도록 노력해야 한다. 다른 사람들의 의견과 견해에 항상 개방적인 태도를 취한다. 세상 모든 것에 호기심을 갖고 궁금해 하자.

말괄량이 삐삐는 스웨덴 동화작가 아스트리드 린드그렌(Astrid Lindgren, 1907~2002)의 소설 속 등장인물이다. 삐삐는 자동차를 타고 하늘을 날고 말도 들어 올리는 등 모든 것을 쉽게 할 수 있다.

메아리방과 필터버블은
무엇을 야기할까?

　　미국 최초의 흑인 대통령 버락 오바마는 메아
리방과 필터버블의 영향을 온몸으로 느꼈다. 오
바마를 상대로 한 가짜 뉴스는 인터넷에서 널리
퍼졌고, 일부 시민들은 그것을 그를 반대하는 소
재로 이용했다.

　버락 오바마는 2009~2017년 초까지 미국 대통령이었다.
그가 흑인이라는 사실은 어떠한 미국인들에게는 눈엣가시
였다. 의도적으로 유통된 가짜 뉴스는 인터넷에서 순식간에
널리 퍼졌다. 사람들은 오바마가 미국에서 태어나지 않았기
에 현행 헌법에 따라 그는 이 나라에서 대통령을 해서는 안
된다고 주장했다.

오바마의 반대자들은 이 가짜 뉴스를 이용해 페이스북과 같은 플랫폼에서 논쟁을 펼쳤다. 마치 메아리방에 있는 것처럼 이들은 서로의 의견을 계속해서 확인하고 또 확인했다. 검색엔진으로 조정된 필터버블이 그 나머지를 수행한 결과 2010년에 미국 국민의 4분의 1이 오바마의 출생에 대한 가짜 뉴스를 믿게 됐다. 사실 이 주장은 논할 가치가 전혀 없었다. 왜냐하면, 버락 오바마는 1961년 8월 4일 미국 하와이주에서 태어나 합법적으로 선출된 대통령이기 때문이다.

2016년에는 또 다른 사건이 스캔들을 일으켰다. 무장한 남성이 어느 날 워싱턴 D.C.에 있는 피자 가게를 습격했다. 그는 그 피자 가게 지하실에 아동 성 착취 조직이 있다고 생각해 그것을 폭파하기로 마음먹었다. 그런데 이 피자 가게에는 지하실이 없었다. 그러니 아동 외설 영상도 당연히 없었다. 무엇이 그를 반쯤 광란하게끔 자극했을까?

그는 트위터에 퍼진 가짜 뉴스에 속아 피자 가게의 범죄행위를 응징해야겠다는 의무감을 느꼈다고 진술했다.

2016년 민주당 대선 후보였던 힐러리 클린턴이 아동 성 착취 조직에 연루되었고, 그 근거지가 어느 피자 가게라는 가짜 뉴스는 SNS 등을 통해 널리 퍼졌다. 이 사건을 이른바 '피자게이트'라 한다.

정보버블에서 어떻게 벗어날 수 있을까?

편협하거나 자기중심적이라고 평가받고 싶은 사람은 아무도 없다. 그런데 수많은 이용자의 인터넷 검색 패턴을 살펴보면 굉장히 단순하고 일방통행적이라는 느낌을 준다. 이는 메아리방과 필터버블을 통해 특징된다.

한정된 정보 세계에서 어떻게 벗어날 수 있을까? 자신만의 세계를 깨고 나오기 위해서는 스스로 적극적인 노력이 필요하다. 이 노력에 대한 보상은 일종의 자유다. 다른 사람들에게 더는 조작당하지 않는, 열린 관점을 유지하는 자유다.

다음의 규칙을 명심해야 한다. 검색엔진을 활용할 때 구글만 이용해서는 안된다. 구글에서는 항상 이용자 맞춤형 정보만 얻을 수 있을 뿐이다. 그러면 이용자는 필터버블에 더 깊이 미끄러져 내려간다.

인터넷 기록과 쿠키를 수시로 삭제해야 한다. 키보드에서 Ctrl, Shift, Delete 키를 동시에 누르면 '인터넷 사용 기록 지우기' 창이 뜬다. 여기서 지우고 싶은 항목을 클릭하면 된다.

페이스북 같은 소셜미디어를 이용할 때 내가 좋아하는 발언에만 '좋아요'를 누르지 말아야 한다. 다른 사람의 의견도 수용해야 한다.

웹사이트에서 우리는 끊임없이 '추적'당한다. 우리의 인터넷 검색 패턴을 분석해 우리가 좋아할 만한 검색결과를 보여주려고 감시하는 것이다. 이 경우엔 '애드온(Add-on, 특정 프로그램의 기능을 보강하고자 추가된 프로그램)' 같은 고스터리(Ghostery) 광고 차단 프로그램을 이용해도 좋다.

애드온은 추가 프로그램이다. 고스터리의 경우 인터넷 서핑을 할 때 숨겨진 기능을 이용자에게 알려 주고 이용자의 데이터를 제3자에게 전해주는 브라우저 추가 프로그램이다.

클릭베이트 : 우리의 호기심은 어떻게 이용될까?

클릭베이트(Clickbait)는 클릭을 유도하는 낚시 미끼를 말한다. 클릭(Click)과 미끼(Bait)의 합성어로, 클릭을 유도하는 낚시성 기사나 광고를 말한다. 그것은 인터넷 이용자가 비디오 영상이나 링크를 클릭하도록 유도한다. 클릭베이트는 대개 통속적이고 자극적인 제목으로 이용자의 시선을 사로잡는다.

신문에서는 이를 호객꾼이라고 부르며, TV에서는 티저(teaser)라고 말하기도 한다. 하지만 이 제목에는 많은 내용을 공개하지 않는다. 이를 통해 독자와 시청자의 호기심을 돋우는 정보격차가 생겨나 제목을 계속 검색하고 들여다보며 클릭하도록 유도한다.

뉴스를 예로 들어 보자. 한 남성이 지나가는 사람을 칼로 위협했고, 가해자는 도망가고 있다. 이제 어떤 기자에게 이 사건을 보도할 기회가 왔다. 그 기자는 첫째 '한 남성이 지나가는 사람을 공격했다! 가해자는 여전히 도주 중이다!'와 둘째 '칼을 지닌 살인자가 언제 또 사람을 찌를까?! 경찰은 경고한다!'라는 제목 중 어떤 것을 선택할까?

첫 번째 예시는 사건에 대해 이해시키는 것을 목표로 하지만 두 번째 예시는 독자의 불안감을 건드리는 것을 목표로 한다. 대부분의 독자는 드라마틱한 두 번째의 예시에 반응을 보일 것이다. 그래서 독일에서는 빌트(Bild) 같은 타블로이드 신문이 사실적이고 냉철한 정보에 더 의존하는 프랑크푸르트 알게마이네 차이퉁 같은 일간지보다 더 잘 팔린다.

인터넷에는 수많은 사이트가 두 번째 예시로 장난을 친다. 독일의 'www.heftig.de' 사이트의 경우 '별이나 물건처럼 보이는 개 19마리'나 '매년 1만 명의 사망자를 내는 겨울철 변기 좌대의 위험' 같은 자극적인 클릭베이트로 시선을 끌고 있다. 이런 식의 클릭베이트에는 가짜 뉴스가 숨어 있는 일이 흔하다. 그런 것에 시간을 낭비할 필요는 없다. 그냥 무시하면 된다.

제거 절차를 거친 후 : 우리는 어떻게 인터넷에 말려들게 될까?

우리는 정보를 어떻게 판단할까? 우리는 인스타그램, 페이스북, 인터넷 검색을 할 때 끝없이 결정을 내린다. 우리는 엄지손가락 표시로 된 '좋아요'를 누르고 게시물을 추가하고, 이것저것을 클릭하기로 한다. 그리고 무의식적으로 이런 행위를 하기도 한다.

정보를 평가할 때 중요한 것은 정보를 파악하는 데 걸리는 시간이다. 인터넷에서의 결정은 우리에게 큰 영향을 미치지 않는다. 어떤 영상에 '좋아요'를 누르든 말든, 무슨 상관이 있겠는가? 우리는 눈 깜짝할 사이에 결정을 내린다. 그런데 우리는 날마다 사소한 결정을 수없이 내리기에 그저 단순히 충동적으로 결정하거나, 학교 실습 선택이나 제품 구매 같은 중요한 일들을 결정하는 것에 곧 익숙해진다. 몇몇 선택은 그저 클릭 한 번으로 완료돼 다시 취소할 수 없는 문제가 발생하기도 한다.

그래서 결정을 내리기 전에는 신중하게 생각하고 검토해야 한다. 이는 특히 정당 선택이나 주요 의제에 찬반을 결정할 때 그렇다. 정보를 수집하고 평가하고 난 다음에 결정을 내려야 한다.

확증변향은 자신의 선입견을 뒷받침하는 근거만을 수용하고, 나머지는 무시하는 것이다. 쉽게 말해 자신이 보고 싶은 것만 보고, 듣고 싶은 것만 듣는 사고방식이다.

우리의 판단은 우리가 인식하는 것에 의해 결정된다. 우리는 종종 우리의 편견을 재확인시켜 주는 것에만 관심이 있다. 인터넷에서 우리의 가치관과 부합하지 않는 정보를 발견하면 그 정보들은 우리에게 인식될 가망이 없다. 우리는 너무나도 빠르게 한 가지 정보에 말려든다. 이를 전문용어로 확증편향이라고 한다. 이 현상은 특히 인터넷상에서 잘 일어나는데, 무언가가 우리 마음에 들지 않으면 계속 클릭해 넘어가면 그만이기 때문이다. 그러면서 우리의 세계관을 확증하고자 우리의 세계관과 딱 맞는 의견을 끊임없이 찾는다.

제7장

사이버불링과 혐오 표현

왜 하필 나일까?

평균 3명 중 1명은 사이버불링을 당한 경험이 있는 것으로 나타났다. 여기에는 어떤 집단으로부터 심한 모욕, 비방, 따돌림을 당했거나 나아가 인터넷에서 위협, 성희롱 및 조롱을 당한 것도 포함한다.

괴롭힘을 당한 피해자들이 스스로 자책하는 경우가 가끔 있지만, 사실은 누구나 쉽게 괴롭힘을 당하는 표적이 될 수 있다. 온갖 일들이 가해자들에게는 괴롭히는 기회가 되는 것이다. 그것은 피해자 본인의 잘못과는 아무런 관계가 없다.

가해자들이 피해자를 괴롭히는 이유는 다양한데, 이들

대부분은 우월감을 느끼고 싶어서 다른 사람들을 끌어내리려 한다. 가끔은 괴롭힘을 당했던 피해자들이 다시는 피해를 당하지 않으려고, 또는 복수를 하고 싶어서 가해자로 변하기도 한다.

사이버불링은
무엇보다도 잔인한 짓이다

　　오늘날 괴롭힘은 일반적으로 사이버불링과 관련이 있다. 즉 사이버불링은 디지털 미디어의 도움을 받아 대개 현실 세계의 '아날로그 불링'으로 나타나는 것이다. 사이버불링은 일상에서 더 자주 일어난다. 교실에서뿐만 아니라 매일 밤 침대에서나 주말에도 항상 할 수 있다.

　　사이버불링의 가해자는 자신의 실제 모습도 드러낼 필요가 없다. 그래서 그들은 피해자에게 무자비하게 악담을 퍼붓는 것이다. 그들이 피해자들을 염두에 두지 않고 그런 짓을 벌이는 모습에서 도덕적 의식이 희박한 것을 알 수 있다. 그들은 동정심과 후회를 느끼지 못한다. 학교 운동장에서들은 말은 금세 잊히지만 사이버불링 게시물은 오랫동안 회자될 수 있다. 가해자들은 그것을 보며 계속 즐거워하고, 피해자는 고통받는 악순환이 거듭된다. 게다가 단시간에 많은 사람에게 피해를 입힐 수 있다. 피해자들의 피해는 몇 학년처럼 소규모 그룹에만 국한않고 개인 주변 환경으로도 급속도로 확대될 수 있다.

괴롭힘을 당하는 피해자들이 부모님에게 도움을 청하면 되지 않을까 생각할지 모르겠으나 보통 그렇게 하지 않는다. 피해자들은 한편으로 부모님이 만약을 대비해 스마트폰을 압수할까 봐 걱정하기 때문이다. 다른 한편으로 당연하게도 부모님이 개입하면서 상황이 더 악화할까 봐 걱정하기도 한다. 그런데 실제로 피해자 혼자서는 이러한 악순환에

사이버불링(cyberbullying)은 인터넷 상에서 특정인을 집요하게 괴롭히는 행위를 뜻하는 신조어이다. 학교 폭력의 새로운 유형으로 떠오를 만큼 심각한 사회 문제로 대두되고 있다.

서 벗어날 수 없기에 도움을 받는 것이 굉장히 중요하다. 또한, 괴롭힘에 대해 조치를 더 빨리 취할수록 괴롭힘이 실제로 끝날 확률은 더욱 높아진다.

사이버불링에 아무도 조정자의 역할을 맡지 않는다면 피해자들에게 심각한 결과를 초래할 수 있다. 피해자들은 열등감과 우울감, 공격 성향까지 보이며 때로는 극단적인 선택을 한다. 실제로 15살에 극단적인 선택으로 생을 마친 캐나다 학생 아만다 토드를 예로 들 수 있겠다. 그녀는 죽음 직전에 그간 자신이 겪었던 고통에 관해 이야기한 영상을 찍어 유튜브에 게시했다.

아만다 토드는 사이버불링으로 인해 이사와 전학을 했지만 괴롭힘에서 벗어나지 못했다. 이는 장소의 제한을 받지 않는 사이버불링의 특징으로 인한 것이다.

인터넷에서 스스로 보호하기
위해서는 어떻게 해야 할까?

벤은 학교에서 친구 사귀는 것을 어려워한다. 인터넷에서 친구를 사귀는 게 더 쉽다고 생각한다. 인터넷에서 그는 자신에 대해 모든 것을 털어놓는다. 심지어는 말을 좋아한다는 이야기도 한다. 그런데 학교 친구들이 그를 소녀 같다고 놀린다. 벤이 자신에 대해 너무 많이 공개해서 그런 걸까?

진정한 우정을 맺기 위해서는 시간이 걸리는 법이다. 인터넷에서 누구와 무엇을 공유할지 항상 신중해야 한다. 모든 사람이 우리의 주소나 생일, 전화번호가 필요한 것은 아니다. 우리의 비밀번호는 누구와도 공유할 필요가 없다! 개인적인 일을 너무 솔직하게 이야기해서는 안 된다. 그렇지 않으면 누군가가 우리를 다른 사람들에게 웃음거리로 만들 목적으로 그 정보를 이용할 수도 있다. 진짜 친구들에게만 감정을 표현하고 사생활을 털어놔야 한다.

그리고 모든 사람에게 자기 스냅사진을 공개할 필요도 없다. 많은 피해자가 과거 자신에게 불리한 사진을 올린 것을 후회한다. 그리고 사진이 나쁜 사람의 손에 들어가면 괴롭힘의 수단으로 쉽게 악용된다. 소셜미디어를 이용하는 경우 우리가 온라인에서 하는 모든 행동을 아무나 보지 못하도록 주의를 기울여야 한다. 이는 보안 설정을 통해 조정할 수 있다. 플랫폼 운영자들은 이용자에 관한 많은 데이터가 될 수 있으면 최대한 많이 공유되길 바란다. 오직 자기 자신만이 이를 막을 수 있다.

누군가와 친하게 지낸다면 인터넷이 아니라 직접 얼굴을 맞대고 개인적인 일이나 고민, 걱정, 사랑의 비밀이나 소원을 공유하는 것이 좋다. 인터넷에서만 알고 맺은 '친구'는 특히 주의해야 한다. 소셜 네트워크에서 사람들과 '친구'를 맺고 메시지를 주고받았다고 하더라도, 그들에 대해서 잘 아는 것은 아니라는 점을 명심해야 한다.

응급조치 : 자신을 어떻게 방어해야 할까?

처음에 벤은 그저 소녀 같다고 놀림을 당했을 뿐이지만 점점 매일매일 행해지는 괴롭힘이 갈수록 악랄해졌다. 벤은 홀로 남았고, 도움을 청할 데가 없다고 느낀다. 그는 다가오는 학교의 일상과 다음에 듣게 될 메시지를 두려워한다. 벤은 무엇을 해야 할까?

아마도 벤은 부끄러움이나 두려움 때문에 더 일찍 도움을 청하지 못했을 것이다. 자신이 다른 사람들에게서 소외된다는 직감이 들었을 때 곧바로 대처했어야 했다. 그렇다고 지금이 너무 늦은 것만은 아니다.

도움 청하기: 벤은 혼자서는 괴롭힘에서 벗어나기 힘들다. 따라서 벤은 부모님과 대화해야 한다. 아니면 선생님과도 대화해야 한다. 벤이 다른 사람들과 대화하는 것을 꺼린다면 '괴로움에 맞서는 번호에 전화해야 한다. 한국은 '청소년미디어중독예방센터: www.misocenter.or.kr'에 전화를 해도 좋다. 여기서는 무료로 그리고 익명으로 조언과 도움을 구할 수 있다.

증거 수집하기: 괴롭힘은 처벌 대상이다. 당국은 사이버불링 문제와 관련해 그 게시물을 누가 작성했는지 쉽게 추적할 수 있다. 그래서 벤은 증거를 확보해야 한다. 모욕적인 게시글이 있는 스크린샷을 캡처하거나 PDF 파일을 떠서 저장하고, 사진이나 채팅 내역을 확보하고, 또 누가 그런 행동에 관여했는지를 기록한다. 이 정도의 증거로도 벤은 그 가해자를 신고할 수 있다.

가해자 신고하기: 가해자가 왓츠앱, 페이스북, 인스타그램에서 경고받거나 차단되는 놀라운 경우도 있다. 벤은 다른 이용자에게 모욕, 협박, 명예훼손을 당했을 때 이에 대해 서비스 회사에 불만을 이야기할 수 있다. 이는 그 서비스의 이용약관(AGB)에 규정돼 있다. 왓츠앱 이용약관의 경우, '자사는 서비스의 악용 및 다른 사람들에 대한 유해한 행위를 금지한다'고 나와 있다.

처벌 : 사이버불링 가해자에게 위협적인 것은 무엇일까?

'인간의 존엄은 침해할 수 없다' 사이버 괴롭힘은 인간의 존엄성을 해치는 짓이다. 법은 피해자를 이로부터 어떻게 보호해야 할까?

인터넷, 전화, 비디오 게임을 통한 지속적인 괴롭힘은 처벌 대상이다. 다른 사람 앞에서 어떤 사람의 명예를 훼손하거나 어떤 사람의 사진을 다른 사람에게 공개하는 것은 금지돼 있다.

독일에서는 사이버 괴롭힘에 관한 특별 조항은 없지만, 누군가를 욕하거나(185조) 험담하거나(186조) 무엇을 하라고 협박하거나(240조) 위협하거나(241조) 누군가의 음성녹음 및 영상녹화, 사진을 허락 없이 유포하면(201조) 가해자는 형법 누군가의 사진이나 영상뿐만 아니라 녹음된 음성도 공개하기 전에는 반드시 그 사람의 동의를 얻어야 한다.

의 여러 조항을 위반하게 된다. 이에 해당할 경우 가해자는 벌금형부터 최대 5년의 금고형을 선고받을 수 있다. 한국에서는 대한민국 정보통신망법 제70조 ① 사람을 비방할 목적으로 정보통신망을 통하여 공공연하게 사실을 드러내어 다른 사람의 명예를 훼손한 자는 3년 이하의 징역 또는 3천만 원 이하의 벌금에 처한다. ② 사람을 비방할 목적으로 정보통신망을 통하여 공공연하게 거짓의 사실을 드러내어 다른 사람의 명예를 훼손한 자는 7년 이하의 징역, 10년 이하의 자격정지 또는 5천만 원 이하의 벌금에 처한다.

청소년은 만 14세부터 법적 책임을 질 수 있다. 그렇다고 더 어린 청소년 범죄자들이 무사히 빠져나올 수 있다는 뜻은 아니다. 피해자의 부모는 변호사를 통해 경고장을 발행하고 괴롭힘 금지 명령을 요구할 수 있다. 이 말은 그 가해자는 앞으로 괴롭히는 행위를 하지 않겠다고 서면으로 공언해야 한다는 것을 의미한다. 그리고 가해자의 부모는 막대한 변호사 비용을 지불해야 한다. 괴롭힘 금지 서류에 서명을 거부하거나 또다시 괴롭히는 행동을 하는 사람은 추가 벌금이나 소송절차를 기대해야 할 것이다.

인터넷상에는
왜 그렇게 혐오가 많을까?

혐오 표현은 영어로 헤이트 스피치(hate speech)
다. 이는 대개 피부색, 종교, 출신, 성적 지향이 다
른 사람들을 대상으로 일어난다. 이 사람들을 차
별하기 위해 말과 사진, 기호를 이용하기도 한다.

인간이 다른 집단에 속한 인간을 욕하는 것은 언제나 있
는 일이다. 그리고 그것은 그때부터 지금까지 늘 잘못된 일
이기도 하다. 무슬림이든 유대인이든 기독교인이든 아니면
이민자든 현지인이든 대상을 가리지도 않는다. 문제는 이러
한 적개심이 지난 20년간 증가해 왔다는 점이다.

여기에는 두 가지 이유가 있다. 첫째, 우리는 이제 자신
의 생각을 신속하게 유포할 수 있는 소셜 네트워크를 가지

테러는 불안과 공포를 확산시키는 게 목적이다. 그래서 테러리스트는 살인뿐만 아니라 공개 처형을 하고 이를 영상으로 게시하기도 한다.

급진 이슬람교도들은 신(알라)의 이름으로 이슬람의 법에 따르거나, 이슬람(무슬림의 종교)을 해석하는 방식에 따라 한 국가를 엄격한 이슬람 사회로 바꾸려고 한다. 그들은 폭력에 눈 하나 깜짝하지 않는다.

고 있다. 둘째, 세상은 2001년 9월 11일 이후 급변했다. 당시 급진 이슬람 무장단체가 뉴욕의 세계무역센터에 테러를 가했다. 이 공격으로 약 3천 명이 사망했다. 그로 인해 이슬람 이민자들에 대한 편견에 급진 이슬람교도들에 대한 불안감이 더해졌다.

혐오자들의 수법은 다음과 같다. 그들은 '우리'와 '다른 사람들'을 구분한 다음, 다른 사람들은 항상 부정적인 평가를 받게 하는 것이다. 가령 이들 중 어떤 한 명의 사람이 도둑질을 하다 들키면 혐오 표현은 곧장 그 집단 전체로 향한다. 그리고 나면 모든 망명 신청자는 자동으로 도둑이 되는 것이다. 개별 사건이 이런 식으로 일반화한다. 종종 무언가가 상상으로 덧붙여지면 그 전체는 인터넷에서 혐오 표현의 대상으로 다시 발전한다.

혐오 표현에 어떻게
대처할 수 있을까?

혐오 표현은 사실을 기반으로 한 게 아니라 그저 단순한 주장일 뿐이다. 근거 없는 대부분 주장에는 사실을 들거나 그 주장을 뒤엎는 논증으로 잘 대처할 수 있다. 예를 들면 다음과 같다.

주장: 망명 신청자들과 함께 테러리스트도 국내에 유입될 수 있다.
반론: 수많은 난민이 자국에서 테러공격으로 친척이나 친구를 잃었거나 그러한 공격에서 살아남은 사람들이다. 테러공격은 우리와 마찬가지로 그들도 두려워한다.

주장: 난민들은 절대 일하려고 하지 않는다.
반론: 난민들은 그저 일하려고 온 게 아니다. 박해받았거나 전쟁, 테러로부터 도망쳐 나온 거다. 그래서 국가는 그들을 보호('망명')하는 것이다. 물론 망명이 승인된 난민들에겐 일할 기회가 주어진다. 그밖에 다른 난민들은 특정 조건 하에 우리나라에서 일할 수 있다.

망명(Asyl)이라는 단어는 고대 그리스어에서 유래했고, '안전한'이라는 말과 뜻이 같다. 그러므로 망명 허가를 받은 사람은 최소한 삶의 안전이 보장돼야 하고, 거주할 집을 얻게 된다.

주장: 망명 정책에 드는 비용은 모두 우리만 부담한다.
반론: 망명 신청자들은 우리가 미래에 아랍 국가들과 친교

를 맺는 데 도움을 줄 수 있다. 왜냐하면, 그들은 자국의 언어와 문화뿐만 아니라 우리의 언어와 문화도 잘 알고 있기 때문이다.

주장: 히잡을 쓰는 여성들은 우리 사회와 통합되길 원치 않을 것이다.
반론: 히잡을 쓰는 취지는 다양하며, 통합의 의지와는 아무런 상관도 없다. 그 여성들은 종교적인 이유나 문화적인 이유로 히잡을 쓰는 것이다. 그리고 우리는 종교의 자유를 보장하고 있다.

주장: '홀로코스트'는 절대 일어난 적이 없다!
반론: 틀렸다! 유대인, 동성애자, 로마 집시 그리고 다른 집단이 나치에게 대학살 당한 것은 이론의 여지가 없고 반박할 수도 없는 사실이다.

홀로코스트(Holocaust)라는 표현은 고대 그리스에서 유래한 말로, '완전히 불태워 버리다'라는 뜻이다. 이 표현은 대략 1970년부터 나치 시대에 수백만 명의 유럽 거주 유대인이 살해당했다는 의미로 쓰인다. 독일에서 홀로코스트를 부인하는 사람은 최대 징역 5년 형을 선고받을 수 있다.

Stoppt Hate Speech! – 혐오 표현을 멈춰라!
Hass ist keine Meinung! – 혐오 표현은 의견이 아니다!
2018년 시민단체 콤팩트(Campact) 활동가들이 인터넷에 만연한 혐오뉴스에 항의하고 있다.